商场超市布局与陈列

新零售运营管理项目组　组织编写

化学工业出版社

·北京·

内容简介

《商场超市布局与陈列》一书详细论述了新零售时代商场超市的转型、商场超市卖场布局概述、商场超市外部规划与布局、商场超市内部规划与布局、商场超市商品规划与布局、商场超市商品陈列概述、生鲜区商品陈列、食品区商品陈列、非食品区商品陈列、服饰区商品陈列10部分的内容。

本书定位于实操，完全去理论化，内容简洁实用，同时板块设置精巧、结构清晰明确。既可作为专业培训机构、院校相关专业等作为培训教材、培训手册，又可以作为商场超市各级人员的工作指导书，直接应用于实际工作中。

图书在版编目（CIP）数据

商场超市布局与陈列／新零售运营管理项目组组织编写．—北京：化学工业出版社，2021.2（2024.3重印）
（新零售经营管理一本通）
ISBN 978-7-122-38109-5

Ⅰ.①商⋯ Ⅱ.①新⋯ Ⅲ.①商场-商品陈列 ②超市-商品陈列 Ⅳ.①F717

中国版本图书馆CIP数据核字（2020）第243627号

责任编辑：陈　蕾　　　　　　　　　　　加工编辑：王春峰　陈小滔
责任校对：边　涛　　　　　　　　　　　装帧设计：尹琳琳

出版发行：化学工业出版社（北京市东城区青年湖南街13号　邮政编码100011）
印　　装：北京建宏印刷有限公司
710mm×1000mm　1/16　印张13　字数242千字　2024年3月北京第1版第4次印刷

购书咨询：010-64518888　　　　　　　　售后服务：010-64518899
网　　址：http://www.cip.com.cn
凡购买本书，如有缺损质量问题，本社销售中心负责调换。

定　价：68.00元　　　　　　　　　　　　　　　　　　版权所有　违者必究

前言

遍地开花的商场超市给人们的生活带来了便利,成为人们生活中不可或缺的一部分。在经济多元化发展的大环境下,消费者对购物体验的要求越来越高,既注重产品也注重消费体验,而智能陈列及商超设备的出现,则满足消费者的需求,促进了商超行业的发展,也适应了时代的发展。

随着电商行业的不断发展,传统零售行业经历了一段长时间的低迷,但在互联网技术的推进下,零售行业将线上技术融会贯通,新零售应运而生,成为当下的热门行业。

零售行业一直秉承着客户、流量为上帝的原则,只有留住顾客,增强客户的黏性,才能得到更长久的发展。然而在如今这样一个竞争压力大的网络时代,仅靠着卖场的营销手段已经不能将客户牢牢绑定。商场超市亟需找到新的营收增长点,突破口便是结合科技,让企业往信息化、数字化、智能化的方向发展。如果卖场结合公众号、小程序、微信搜索等线上有效手段,就能很好地保留客户的信息,大幅度增加用户黏性,通过更多端口,有效沉淀客户资源。

目前,为应对电商冲击以及激烈的市场竞争,大多商场超市积极探索,不断创新商业业态,尝试线上线下融合业务。不仅是互联网企业,传统的商场超市也在悄悄布局到家业务,并且已经从最初的和第三方平台合作,发展到开发独立的APP或小程序。

新零售可以说是商场超市依托互联网,通过运用大数据、人工智能等先进技术手段,对商品的生产、流通与销售过程进行升级改造,进而重塑业态结构与生态圈,并对线上服务、线下体验以及现代物流的深度融合。

新零售的时代,就是让消费者的体验更快速、更便捷、更有价值。在互联网的高速发展下,零售行业只有打通更多渠道,才能有效占领市场份额,实现更高效的运营!

基于此,本项目组编写了"新零售经营管理一本通"丛书,具体包括《商场超市运营与管理》《商场超市布局与陈列》《商场超市营销与促销》《商场超市卖场服务与生鲜管理》。

其中,《商场超市布局与陈列》由导读［新零售时代商场（超市）的转型］、商场（超市）卖场布局概述、商场（超市）外部规划与布局、商场（超市）内部规划与布局、商场（超市）商品规划与布局、商场（超市）商品陈列概述、生鲜区商品陈列、食品区商品陈列、非食品区商品陈列和服饰区商品陈列10部分内容组成。

本书定位于实操，完全去理论化，内容简洁实用，同时板块设置精巧、结构清晰明确。既可作为专业培训机构、院校相关专业等的培训教材、培训手册，又可以作为商场（超市）各级人员的工作指导书，直接应用于实际工作中。

在本书的编写过程中，由于笔者水平有限，加之时间仓促，疏漏之处在所难免，敬请读者批评指正。

编者

目录

导读　新零售时代商场（超市）的转型

0.1　新零售概念的由来　1
0.2　新零售与传统零售的区别　2
0.3　传统零售向新零售的转型　3
0.4　新零售时代下的商品陈列　6

第 1 章　商场（超市）卖场布局概述

要想让商品陈列达到无需经过语言媒介就能与消费者有效沟通的效果，就应充分利用有限的资源，规划和实施卖场的总体布局。对于商场（超市）而言，应该合理设计卖场的布局，力求让顾客在购物过程中方便舒适。

1.1　卖场概念及构成要素　10
1.2　卖场规划的目的与理念　10
1.3　卖场规划的主要项目及设计流程　11
　　相关链接　商场（超市）布局规划图的作用　12

第 2 章　商场（超市）外部规划与布局

卖场布局和商品陈列设计是一种无声而又重要的推销方式，特别是对大型商场（超市）而言，规范化、科学化的外部规划与布局才能实现利润的最大化。合理布局和科学的商品陈列对于吸引顾客具有极为重要的作用。

2.1　标志与招牌设计　　　　　　　　　　　　　　　　16
2.2　出入口布局　　　　　　　　　　　　　　　　　　16
2.3　购物动线设计　　　　　　　　　　　　　　　　　18
　　　相关链接　双层卖场布局动线设计　　　　　　　22
2.4　停车场设计　　　　　　　　　　　　　　　　　　23

第 3 章　商场（超市）内部规划与布局

对于商场（超市）来说，好的内部规划与布局能营造出优美的购物环境，从而能有效延长顾客在商场（超市）的滞留时间，达到提升销售的目的。

3.1　橱窗设计　　　　　　　　　　　　　　　　　　　26
3.2　墙壁的设计　　　　　　　　　　　　　　　　　　27
3.3　地板的设计　　　　　　　　　　　　　　　　　　27
3.4　天花板的设计　　　　　　　　　　　　　　　　　28
3.5　照明的设计　　　　　　　　　　　　　　　　　　29
3.6　声音的设计　　　　　　　　　　　　　　　　　　31
　　　相关链接　通过播放音乐来衬托卖场的购物环境　33
3.7　色彩的设计　　　　　　　　　　　　　　　　　　34

3.8　气味的设计　　　　　　　　　　　　　　　　36

3.9　通风的设计　　　　　　　　　　　　　　　　37

3.10　标示用设施的设计　　　　　　　　　　　　38

3.11　收银台的配置与设计　　　　　　　　　　　39

3.12　存包处的设计　　　　　　　　　　　　　　39

第 4 章　商场（超市）商品规划与布局

　　商场（超市）布局设计与其经营商品的品种、经营方式以及经营场地紧密相关。商场（超市）的商品布局需根据顾客的需求，顾客计划性、非计划性的购买行为、购买顺序，结合商场（超市）的经营目的来充分考虑。

4.1　配置商品品类　　　　　　　　　　　　　　　42

　　　　相关链接　商品配置表的制作与修正　　　43

4.2　优化商品组合　　　　　　　　　　　　　　　46

4.3　调整商品结构　　　　　　　　　　　　　　　49

4.4　合理布局商品　　　　　　　　　　　　　　　52

　　　　相关链接　运用磁石理论布局商品　　　　53

第 5 章　商场（超市）商品陈列概述

　　合理地陈列商品可以起到展示商品、刺激销售、方便购买、节约空间、美化购物环境等各种重要作用。据统计，店面如能正确运用商品的配置和陈列技术，销售额可以在原有基础上提高10%。

5.1	商品陈列的概念	58
5.2	商品陈列区域的划分	58
5.3	商品陈列面积的确定	59
5.4	商品陈列的原则	60
	相关链接　不同性质商品的陈列位置	61
	相关链接　能够让顾客"显而易见"的陈列位置	63
5.5	商品陈列的要求	67
5.6	商品陈列的方法	68
	相关链接　卖场陈列的艺术化趋势	81

第 6 章　生鲜区商品陈列

总体来说，生鲜商品陈列标准以新鲜为主，凸显陈列饱满、卫生等特点。同时，生鲜部门内的商品陈列也要讲求商品陈列组合，甚至是跨部门的商品陈列组合，把关联性较强的商品进行交叉陈列，同时要强调商品组合的变化。

6.1	果蔬类的陈列	84
	相关链接　永辉超市生鲜蔬菜瓜果陈列经	89
6.2	肉类的陈列	94
6.3	水产品的陈列	98
6.4	冷冻制品的陈列	103

第 7 章　食品区商品陈列

食品区的分类陈列是所有物品中最难以把握的陈列之一,如何把各种食品陈列得看起来整齐又容易吸引顾客,是实体零售长期以来的一门学问。

7.1　自制类食品的陈列　　　　　　　　　　　　108
7.2　烟酒饮料的陈列　　　　　　　　　　　　　111
7.3　休闲食品的陈列　　　　　　　　　　　　　116
7.4　冲调饮品的陈列　　　　　　　　　　　　　121
7.5　粮食、调味品及干杂货的陈列　　　　　　　126

第 8 章　非食品区商品陈列

一般商场(超市)中,非食品卖场的主通路不仅宽度大,而且陈列线也长。非食部分的商品陈列,可从商品的销售占比、商品属性、顾客购买习惯等多方面考虑,还要从各卖场的经营面积、经营品种、现场规划等方面来考虑,灵活调整即可。

8.1　家居用品的陈列　　　　　　　　　　　　　136
8.2　家庭用具商品的陈列　　　　　　　　　　　151
8.3　家庭日用品的陈列　　　　　　　　　　　　157
8.4　洗化用品的陈列　　　　　　　　　　　　　165

第 9 章　服饰区商品陈列

通过综合运用艺术手法展示服饰，突出服饰的特色及卖点以吸引顾客的注意，加强顾客对商品的信赖程度，从而最大限度地引起购买欲望，这是服饰陈列向消费者展示的功能。

9.1　纺织品的陈列　　　　　　　　　　　　172
9.2　服装的陈列　　　　　　　　　　　　　181
9.3　鞋类商品的陈列　　　　　　　　　　　191

导 读
新零售时代商场（超市）的转型

随着互联网和电子商务的发展，现如今，传统意义上的零售商业模式已经难以满足社会发展需要，尤其是经营结构和产业结构方面受到了严重影响，因此我国零售行业逐渐开始转型升级，形成了传统零售和网络零售并存的新型零售模式。

0.1 新零售概念的由来

2016年10月13日，时任阿里巴巴董事局主席的马云在阿里云栖大会上首次提出了"新零售"概念。马云提到，纯电商时代很快会结束，未来十年、二十年，只有新零售这一说，线上线下和物流必须结合在一起，才能诞生真正的新零售。

如今这一新概念已经得到了广泛认可，新零售就是指个人、企业以互联网为依托，通过运用大数据、人工智能等先进技术手段，对商品的生产、流通与销售过程进行升级改造，进而重塑业态结构与生态圈，并对线上服务、线下体验以及现代物流进行深度融合的零售新模式。如图0-1所示。

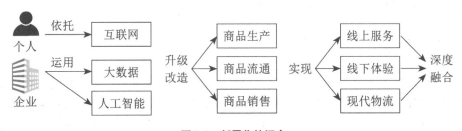

图0-1 新零售的概念

> 小提示
>
> 新零售的关键在于使线上的互联网和线下的实体店形成真正的合力，从而完成电商平台和实体店的优化与升级。

0.2 新零售与传统零售的区别

相较于传统零售行业，新零售的本质区别可以分为图0-2所示的四点。

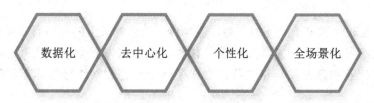

图0-2　新零售与传统零售的区别

0.2.1 数据化

在新零售业态中，人、货物、场地三者之间的关系将率先发生改变。对传统零售商家来说，很难收集到消费用户的行为和相关信息。但是在新零售环境中，可以通过对顾客的消费行为及其他信息，构建用户画像，打造数据化运营的基础。

0.2.2 去中心化

除了数据化是传统零售行业不可比肩的，新零售相较于传统零售的明显改变还在于它的去中心化，即将获利方式从信息不对等的差价回归到产品与效能的增值中。这是零售行业发展的必然趋势。

0.2.3 个性化

在物质极大丰富的今天，人们对个性化的要求越来越高，为了满足消费者多变、多样化的需求，新零售必须要更加重视消费者的需求，更及时地调整营销战略。个性化的表现，除了产品的定制化，以满足不同消费者的需求之外，还有消费场景的要求。

0.2.4 全场景化

在新零售模式之下,消费场景无处不在。线上与线下应该是紧密结合在一起的,偏重其中一方都可能导致战略上的失衡。线上平台搭建,线下沉浸式消费场景,都是新零售区别于传统零售的优势。

传统零售购物场景是到店、拿货、付款、走人;网店零售的场景是浏览、购物车、付款、收包裹,相对来讲都比较简单;而新零售场景包括门店购、APP购、小程序购、店中店触屏购、VR购、智能货架购、直播购等。

0.3 传统零售向新零售的转型

新零售模式的核心是线上消费、线下体验以及现代物流的深度融合,而深度融合的要以"人"为中心。传统零售要想向新零售转型,图0-3所示的几点措施可供参考。

图0-3 传统零售向新零售转型的措施

0.3.1 转变经营理念

为了适应当下市场竞争激烈的现状,传统零售需做好图0-4所示的几点来转变传统的经营理念。

0.3.2 提升购物体验

现今商品的多样化使得商品本身难以有效地对顾客造成影响,因而可以通过打造商品品类组合的消费场景,吸引消费者的注意力及兴趣,触动消费者的购买

1	要构建起以消费者为中心的经营理念与营销模式，打破传统的商品中心理念，展现零售本身对消费者的价值，实现与顾客关系的良好搭建
2	要处理好企业与顾客之间的连接关系，实现顾客价值的最大化，打造终身顾客的价值观念
3	要建立起以流量为中心的观念，牢牢把握吸引目标顾客、连接潜在顾客、转化影响观望顾客及准顾客、打造终身顾客价值的经营主线
4	不能遗忘了社群对于消费者的影响力，注意企业同社群之间的关系

图 0-4　转变传统的经营理念的措施

动机。顾客购物体验的提升，可以增强消费者在门店的黏性，为分析调整提供数据支持。在大数据的分析后，可以精确地为消费者进行画像，从而在消费者的购物过程中推送其可能感兴趣的优惠促销信息，提升顾客的随机采购率，打造终身顾客价值。

0.3.3　融合线上线下

将线上和线下两者进行巧妙地结合，充分发挥各自的优势，可以在一定程度上突破区域和流量限制，有效促进"人、货、场"重构。在此，需要做到图 0-5 所示的几点。

1	在现有基础上，对实体店面的加盟标准逐渐规范化，将线上线下的价格标准进行统一
2	线上线下双方达成合理的利益分配方案
3	建立一个可以提供库存及会员信息等内容的共享系统
4	培训门店导购，使其理解线上线下零售模式，使门店导购与线上导购相互融合、互相合作

图 0-5　融合线上线下的措施

0.3.4 掌握客流信息

消费者为主导的时代，门店需要高度展现以消费者为中心的理念。门店规划的核心就是留住顾客、增加顾客停留时间，让消费者成为主角。可以通过技术上的支持，实现大数据的采集及相应的管理，从而精确掌握消费者在卖场里的购物线路、停留时间、意向商品及购物清单等，实现人、货、场的数据关联，为门店的调整提供数据支持。

另外，也可以实现自助收银，自助收银不仅节省费用，还可以解决消费者注册问题，把消费者变为数据化资产，成为可以连接的流量资源，而且还有利于提升年轻消费群体的购物体验。

0.3.5 提升供应链管理

当生鲜行业进入"中场战事"，供应链管理能力，就成了品牌最根本、最核心的竞争力。毕竟，在特殊的疫情期间，消费者的诉求是"有得吃"，也就是说，只要品牌有东西卖，能够满足基本的需求，消费者不会有太多挑剔。而当整个社会已经全面恢复常态后，消费者的需求也就回到了"吃得好"，这时候，以更快的速度交付给顾客新鲜、实惠、丰富的产品，就需要供应链有稳定不断的供给能力了。

从市场背景到消费需求，都指向了企业建立供应链的重要性与必要性。一直是行业标杆的"盒马鲜生"，以战略性外延、策略性调整的思路，再次为生鲜新零售提供了"中场进阶"的"样本"。

阿里巴巴相关负责人在接受媒体采访时曾表示："2020年盒马会把供应链能力放在第一位，去建设一批愿意跟盒马共同成长的战略供应商，以及建各种各样的蔬菜基地、水果基地、肉禽蛋的战略合作伙伴基地等，希望到年底以后，盒马有50%商品外面是买不到的。"

为了实现这一点，盒马预计2020年在国内所有盒马入驻的城市建立加工中心，从而保证门店供应商品的能力。而早在2018年11月，盒马就宣布启动了总投资达20亿元的华中区域供应链运营中心项目。

但加工中心并不是盒马供应链的终局。"建立产、供、销三大平台，在全国落地1000个数字农业基地，对农业产业进行全链路数字化升级"的阿里数字农业事业部，在2020年4月，将百亿级产业基地落户在上海浦东新区航头镇。

这座百亿级产业基地是一个集全自动立库、自动存储输送、分拣加工为一体的加工配送中心，预计2022年投产使用，年营收将超100亿元，服务于上海各大盒马门店。盒马村、数字农业示范基地和订单农业生产基地，将在上海全速开拓。

0.4 新零售时代下的商品陈列

在企业管理中，不能数字化衡量的，一定要具体化描述，比如商品陈列。大部分的商品陈列是不能用数字来呈现的，所以，务必把陈列做到具体化和标准化，用充满联想感的场景，让卖场富有吸引力，把顾客引进来，刺激他们的购买欲。

2017年以来，永辉超级物种、天虹sp@ce、步步高鲜食演义、百联RISO、大润发优鲜、物美新零售门店、世纪联华鲸选等传统商超转型"新零售"，各家对自身业态改造、重组都有不同心得，为商品陈列提供了大量"样本"。

0.4.1 世纪联华鲸选

鲸选按照家居用品、乳制品、休闲食品、美妆、母婴、生鲜等品类，将卖场划分为一块块独立区域，类似于品类专业店，如卖居家生活杂件的"优品生活"、卖母婴用品为主的"妙喵城"、卖糖果的"Sweet Word"、卖美妆的"姿研舍"等。餐饮区域也是根据海鲜、牛排等细分品类设置不同的美食体验区。

0.4.2 百联RISO

RISO在门店布局上突出场景化，货架和餐饮档口完全融合，顾客可选购食材带回家，也可以选择在现场加工即食，或者观摩烹调全程。鲜肉冷藏柜旁设置酒类柜台，按消费场景进行商品陈列，刺激客户进行连带消费。

同时，门店还尽量减少货架，增加体验区的面积。比如，美食体验区内设置了现场烘焙体验，生鲜区食品区设有拍照互动，还设有图书漂流吧供书友分享、交流。

0.4.3 天虹sp@ce

sp@ce的这种业态改变了超市行业以"商品群"为导向的售卖思维，通过聚焦"生活区块场景"来设计顾客的合理动线，从冰箱→厨房→餐桌→客厅→浴室→卧室，从即食食品→半成品→新鲜食材，从柴、米、油、盐、酱、醋、茶→咖啡、红酒、烘焙、旅行、文创等主题专区，都是以顾客生活方式的需求为导向来打造的"都会生活空间"。

0.4.4 物美新零售门店

相比一般的大卖场,物美杭州近江店增加了大面积的餐饮堂食区,新增餐饮体验业态,各色小炒、中式套餐、法式牛排、寿司、蔬菜沙拉等都可以现场加工。同时,门店陈列也更加精细化、场景化。此外,物美与多点合作,用户用多点APP扫描商品条码,商品便可自动加入电子购物车。

0.4.5 阿里盒马鲜生

盒马首家店整个店面用大理石铺地,以黑色货架、大玻璃框呈现商品,采用开放式的厨房。整个门店以体验为主导,分为了肉类、水产、南北货杂粮、米面油粮、水果蔬菜、冷藏冷冻、烘焙、熟食、烧烤以及日式料理的刺身各区,方便顾客挑选。

第1章
商场（超市）卖场布局概述

 导言 ▶▶▶

要想让商品陈列达到无需经过语言媒介就能与消费者有效沟通的效果，就应充分利用有限的资源，规划和实施卖场的总体布局。对于商场（超市）而言，应该合理设计卖场的布局，力求让顾客在购物过程中方便舒适。

1.1 卖场概念及构成要素

卖场是指比较大的出售商品的场所。卖场的基本构成要素是人（顾客与员工）、空间（内外卖场）和商品（有形与无形商品），如图1-1所示。

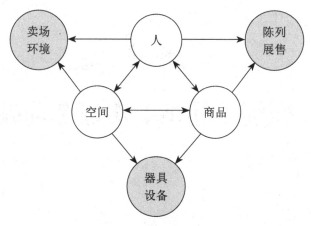

图1-1 卖场的构成要素

1.1.1 人与商品的关系

人与商品的关系表现形态是一种资讯传递，即依靠员工的陈列技巧和服务作业流程，将商品资讯传递给顾客，达到有效的展示效果。

1.1.2 空间与商品的关系

商品在空间里要表现出最好的展售效果，就必须依赖有形的器具设备。商品的质感与价值经由器具设备的陈列，直接展示在顾客眼前，这就是空间与商品的衍生关系。

1.2 卖场规划的目的与理念

卖场规划是指一家商店在其贩卖空间，针对商圈顾客需求所作的配置设计。

1.2.1 卖场规划的目的

卖场规划的目的是创造一种最佳气氛的买卖场所，让消费者尽情在舒适的卖场里享受购物的乐趣，进而在愉悦的促销气氛中选购更多的商品，以满足顾客的消费需求和提高店铺的经营效益。

1.2.2 卖场规划的理念

卖场规划的基本理念如图1-2所示。

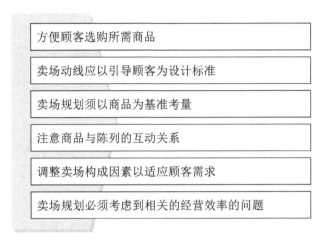

图1-2　卖场规划的基本理念

1.3　卖场规划的主要项目及设计流程

1.3.1　卖场规划的主要项目

卖场规划的主要项目如图1-3所示。

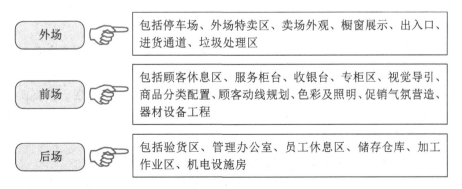

图1-3　卖场规划的主要项目

1.3.2 卖场规划的设计流程

一般来说，卖场规划的设计流程如图1-4所示。

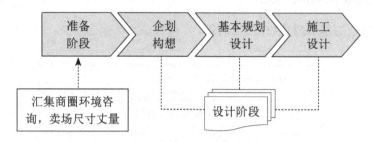

图1-4 卖场规划的设计流程

相关链接

商场（超市）布局规划图的作用

超市布局规划图的使用由来已久，这是早期外资超市对卖场进行量化辅助管理的一个有效工具，现在越来越多的中小超市开始认识到它的作用了，在日常的经营过程中应用也越来越广泛了。具体来说，商场（超市）布局规划图的作用体现在以下四个方面。

1. 可以作为新开商场（超市）招商宣传的一部分

很多时候，新开的商场（超市）需要很多的商品和商品供应商来支持。但是很多新入行的商场（超市）老板的背景和信誉度不被当地供应商所了解，所以供应商在多渠道运作的情况下，会抱着观望的态度去观察新开的商场（超市）。

如果有一份专业的布局规划图，一定会在供应商的面前留下好印象，增强合作供应商对卖场的信心。一般供应商深耕当地卖场多年，见多识广，了解商场（超市）规范化管理的布局规划的作用。有了布局规划图，供应商能对自己进驻卖场后的大体区位有所了解，方便其进行相对应的备货以及为日后的经营促销做准备。

2. 作为商场（超市）经营的核心，方便对接卖场装修

不论是新开的商场（超市），还是老店进行升级，装修是避不开的话题。

作为商场（超市），装修之前一定要做好合理的布局规划图。这样装修才能有的放矢，可以依据不同的商品分区进行灯光设计、软装设计、强弱电铺装，安排水电施工，减少不必要返工次数，快捷高效地施工，同时为顾客营造一个氛围良好、亲和力更强的购物环境。

好的布局和好的装修浑然一体，不分彼此。如果配合不好，二者就像两个独立的单元，无法融合，无法突出卖场经营的核心商品来，缺乏经营的灵魂，让人看上去非常松散。

3. 设备、货架可以依据商场（超市）布局规划图来计算具体数量

一般而言，厂家配备的货架，都是标准的五层层板，所以在实际经营过程中，要根据布局规划图的安排，再根据实际货架上陈列的商品的品类以及商品的大小规格，再去确定一次货架层板的数量或者货架的配件方式。

比如，有的商品适合挂钩陈列，有的商品需要斜扣篮陈列，有的需要专门的碗碟架陈列。通过这些不一样的陈列方式更能突出商品，展现不一样的卖场形象，激发顾客的购买欲望。

一般情况下，依据布局规划图做出的货架采购订单相对比较准确，不会产生过多不必要的支出，从而可以减少商场（超市）的资金压力。

4. 作为数字化形象化管理卖场的辅助手段

（1）在卖场基本功能分区确定的情况下，可以随时根据实际经营需要对卖场进行微调，不必担心破坏整体格局，激发卖场十足的活力。合理的卖场布局，充分考虑了品类在卖场经营中的作用，有一定的关联作用，并且预留了充足的促销和缓冲空间，为升级和卖场的各类临时促销活动提供了接口。

（2）卖场的布局规划可以配合商品配置表使用，具体进行商品的陈列和品类的优化和分析。配合收银系统中有关商品货位的安排，对每个区域的货架进行数字编号，对其所承载的商品进行量化考核，及时根据业绩对卖场商品进行商品生命周期的处理，提升卖场空间的使用效益。当然也可以依据相关区域的划分，对相应的现场营业人员进行绩效的考核。

（3）卖场布局规划图可以张贴在卖场明显的位置，作为卖场指示系统的一部分，为顾客购物休闲提供指引。

卖场布局规划，不是简单机械式的空间填空，而是有十分强大的经营逻辑，需要站在商品的角度，需要照顾顾客的购物习惯，需要了解企业经营的理念。

第 2 章
商场（超市）外部规划与布局

 导言 ▶▶▶

> 卖场布局和商品陈列设计是一种无声而又重要的推销方式，特别是对大型商场（超市）而言，规范化、科学化的外部规划与布局才能实现利润的最大化。合理布局和科学的商品陈列对于吸引顾客具有极为重要的作用。

2.1 标志与招牌设计

2.1.1 标志类型

标志类型如表2-1所示。

表2-1 卖场标志类型

类型	具体内容	特点
文字标志	由各种文字、字母等单独构成	标志发音清晰，具有易呼易记的特点，适用于多种传播方式
图案标志	无任何文字，单独用图形构成的标志	用图案标志形象生动，色彩明快，而且不受语言的限制，易于识别
组合标志	采用各种文字、图形、字母等交叉组合而成的标志	利用和发挥了文字标志和图案标志的特点，图文并茂，形象生动，引人注目，便于识别，易于被广大消费者所接受

2.1.2 卖场标志设计要求

（1）要有创新意识，做到构图新颖别致，富于个性化，与其他卖场的标志区别开来。这样的标志图案才能感染人，给人留下深刻印象。

（2）含义应该深刻，能够体现出卖场的个性特点、精神风貌、独特品质、经营理念、经营范围等。

（3）保持稳定期。卖场的标志一旦确定，在相当长的一个时期应该保持稳定，不可多变。

（4）卖场的标志设计应逐步国际化、统一化。

（5）卖场的标志设计必须符合有关法律法规的要求。

商超（超市）标志设计效果如图2-1所示。

图2-1 商场（超市）标志设计效果

2.2 出入口布局

卖场的出入口设计应考虑卖场规模、客流量大小、经营商品的特点、所处地理位置及安全管理等因素,既要便于顾客出入,又要便于卖场管理。

2.2.1 出入口布局的重要性

任何一种零售业态都是从请顾客进入店内开始的,因此,如何让顾客很容易地进入店内购物就成为卖场设计首先考虑的问题。一个商场(超市)在顾客心目中的形象首先取决于下面的一些因素。

(1)卖场的选址及附近交通状况。
(2)停车场的大小及其位置。
(3)店面的色彩、标识及照明。
(4)出入口的位置、有无障碍等。
(5)店内的通透性。
(6)出入口处商品的布局及陈列方式。
(7)正门入口处的清洁及整理整顿。

2.2.2 卖场的入口与出口的布置要求

(1)商场(超市)的入口与出口应分开,各设1处,并与主通道连接,这样可以保证没有死角,使顾客尽可能转遍整个商场。

图2-2表示入口与出口的关系(阴影部分表示死角)。

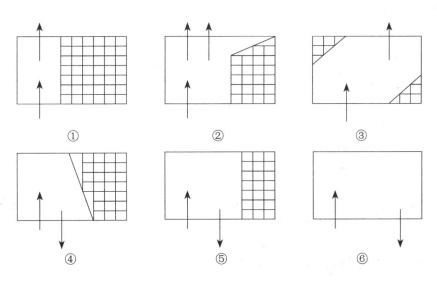

图2-2　入口与出口的关系

（2）大型综合商场（超市）的出入口设计。跨国企业的大型综合超市在设计卖场时，通常会将出入口完全分开。

比如沃尔玛在设计卖场布局时，将卖场分为上下两层，入口设计在二层卖场，出口设计在一层卖场，具体示意图如图2-3所示。

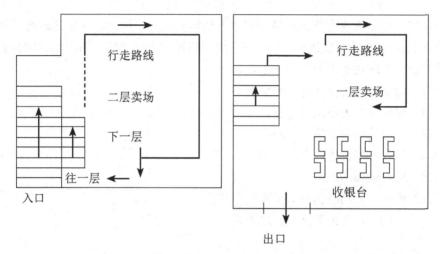

图2-3　沃尔玛卖场出入口示意图

而家乐福的卖场出入口设计与沃尔玛恰恰相反，将入口处直接设计在一层，而将出口处设计在二层。

2.3　购物动线设计

零售卖场商品布局设计的第一步，就是设计顾客购物的路线。良好的购物线路是零售企业卖场无形、无声的导购员。因为，若设计一条符合人们日常习惯的购物路线，顾客就会自然地沿着这一路线而行，卖场要让顾客在此路线上能看到卖场内各个角落的商品，实现最大限度的购买量。

2.3.1　购物路线设计原则

目前，零售企业卖场中存在着两条动线：顾客动线和商品配置动线。这里主要讲述设计顾客流动路线应遵循的原则，如图2-4所示。

2.3.2　购物路线的基本模式

不同业态的卖场，其顾客的购物路线有所不同。对于超市卖场来说，出入口

一般在一个方向，因此，顾客购物路线常是一个大环形轮廓，其间有若干曲线。其基本模式如图2-5所示。

收银台终点原则	顾客购物线路的设计，应当能让顾客浏览各商品部和货架，最后的出口应为收银台。收银台应是顾客动线的终点。这样，既可以为顾客最终交款提供方便，不走弯路，又可以刺激顾客步行一圈后再离开卖场
避免死角原则	所谓死角，一是指顾客不易到达的地方，二是指不能通向其他地方而只能止步回折的区域。死角，或会使顾客无法看到陈列的商品，或会使顾客多走了冤枉路，这些都会使动线低效率，卖场也会低效益，因此，应避免出现死角
拉长线路原则	市场调查表明，顾客购物的线路越长，在店中停留的时间越多，从而实现的购买额越大。因为，购物线路的延长可以使顾客看到更加丰富的商品，选择的空间加大。当然，拉长购物线路是以丰富的商品陈列作为基础的
适当的通道宽度原则	进入零售卖场的顾客，通常是提购物篮或推购物车的，适当的通道宽度不仅便于顾客找到相应的商品货位，而且便于仔细挑选，也会形成一种宽松、舒适的购物气氛

图2-4 顾客动线的设计原则

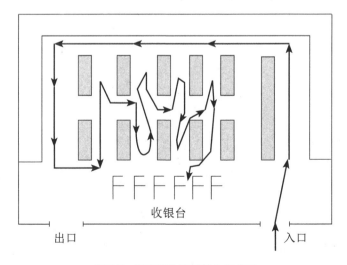

图2-5 顾客购物路线基本模式图

顾客购物路线有大环形和小环形。

（1）大环形线路。大环形（图2-6）是指顾客进入卖场，从一侧沿四周环行后再进入中间货架。这就要求进入一侧的货架一通到底，中间不留穿行的缺口。

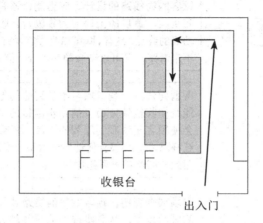

图2-6　大环形路线图

这种大环形通道适合1600平方米以下的零售卖场。大型零售卖场采取此法，会让人感到别扭和不便。

（2）小环形路线。小环形路线（图2-7），是指顾客进入卖场，从一侧前行，不必走到顶头，中间就有通道可进入中间货架，当然也会有顾客仍选择大环形路线。小环形路线是对入口一侧的货架采取非连体，即分开式。1600平方米以上的零售卖场通常用此种方式。

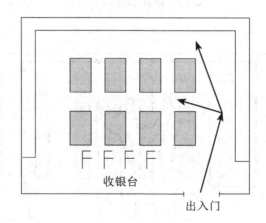

图2-7　小环形线路图

最佳的顾客购物路线是顾客进入后，沿周边绕行，再进入内侧货架区。顾客穿行货架越多，购买额越大。当然，许多顾客不会将卖场转一个圈，但有意识地将周边通道加宽是必要的，因为人们总是习惯走较宽的通道。同时，在关键部位设置独特、鲜艳的商品会起到路标作用，可让顾客光顾更多的货架。

2.3.3 通道的设计

理想购物路线的形成不能靠强制，而应靠引导。引导包括两方面：一是通过商品陈列引导，二是通过通道设计引导。因此，通道设计是顾客购物路线形成的重要影响因素。

卖场的通道划分为主通道与副通道。主通道是引导顾客行动的主线，而副通道是指顾客在店内移动的支流。卖场内主、副通道的设置不是根据顾客的随意走动来设计的，而是根据卖场内商品的配置位置与陈列来设计的。合理的通道设置，就是引导顾客按设计自然地走向卖场的每一个角落，接触尽可能多的商品，使卖场空间得到最有效的利用。图2-8所示的各项是设计卖场内通道时所要遵循的原则。

图2-8　卖场通道设计的原则

（1）足够宽。足够宽就是要保证顾客提着购物篮或推着购物车，能与同样的顾客并肩而行或顺利地擦肩而过。一般地说，超市卖场的主、副通道都大大宽于百货商场的主、副通道。百货商场的主通道宽度为2.7～3.5米，副通道宽度为1.5～1.8米以上，而超市卖场的通道不应窄于百货商场的。一般来讲，500～1000平方米的超市卖场的主通道宽度为2.5～2.7米，副通道宽度应在1.5～1.7米。最小通道不能小于0.9米，要能让两个人并行或逆向通过。收银台前的通道要适当宽些，一般要在2米以上。

（2）笔直。要尽可能避免迷宫式通道，要尽可能地进行笔直的单向通道设计。在顾客购物过程中尽可能依货架排列方式，将商品以不重复、顾客不回头走的设计方式布局。

（3）平坦。通道地面应保持平坦。处于同一层面上，有些门店由两个建筑物改造连接起来，通道途中要上或下几个楼梯，有"中二层""加三层"之类的情况，令顾客眼花缭乱，不知何去何从，显然不利于门店的商品销售。

（4）明亮。通道上的照度比卖场明亮，其照度起码要达到1000勒克斯；尤其是主通道，相对空间比较大，是客流量最大、利用率最高的地方。要充分考虑顾客走动的舒适性和非拥挤感。

（5）少拐角。事实上，一侧直线进入，沿同一直线从另一侧出来的店铺并不多见。这里的少拐角是指拐角尽可能少，即通道途中可拐弯的地方和拐的方向要少。有时需要借助不间断的商品陈列线来调节。如美国连锁超市经营在20世纪80年代形成了标准长度为18～24米的商品陈列线，日本超市的商品陈列线相对较短，一般为12～13米。这种陈列线长短的差异，反映了不同规模面积的超市在布局上的要求。

（6）无障碍物。通道是用来引导顾客多走、多看、多买商品的，通道应避免死角。在通道内不能陈设、摆放一些与陈列商品或特别促销无关的器具或设备，以免阻断卖场的通道，损害购物环境的形象。

相关链接

双层卖场布局动线设计

多层卖场经营范围由一层延伸到两层，那么其布局和动线与单层卖场相比又复杂很多。这类卖场可能是地上二层，可能是地下二层，也可能是地上一层、地下一层，根据卖场进入口的位置，其布局动线也不一样。

在设计两层卖场动线时要遵循以下设计原则。

1. 电梯位置决定卖场布局和动线

双层卖场层与层之间上下需要电梯，在设计卖场布局前需要先确定电梯位置，电梯位置关系到卖场楼层间上下及客流动线是否通畅。

2. 百货楼层动线要"先松后紧"

百货楼层入口要设计宽大的入口和过道，布置众多的促销品，把顾客吸引到超市内部；百货楼层到食品楼层之间的过道要稍微设计窄些，增加顾客在百货楼层的逗留时间。

3. 食品楼层动线设计是"由主到次"

顾客进入食品楼层后，会有一条主通道引导顾客按照设计路线到达食品区货架或散货区，顾客再进入区域内的次通道买到自己需要的商品。

4. 商品过渡自然

布局商品区块时，不同类商品区域要通过关联性商品实现自然过渡。比如，文教办公用品区域可以通过办公电器如传真机、打印机等过渡到小家电，

也可以通过体育用品如羽毛球拍、健身器械等过渡到休闲百货，这些都属于自然过渡。如果从小家电一下子跳到服饰、清洁用品，这样跨度就太大了，商品陈列也很难做。

一个设计成功的卖场动线就是顾客进店后自然行走的路线，也是经营者希望顾客行走的路线，这样的布局和动线合理利用了卖场空间，提高卖场中顾客的停留率、对商品的注目率和购买率，促进了商品销售。

2.4 停车场设计

停车场作为商场（超市）的重要配套设施，对其经营有着重要影响。要想做好商场（超市）停车场设计，关键还是在于两个字：体验。那么怎样才能给顾客更好的体验呢？需要做好以下几点。

2.4.1 车位数量规划

车位数量应根据商场（超市）的规模、客流量以及地理位置等因素来确定。如果商场（超市）规模大、档次高、离住宅区相对较远，那么驾车前往的顾客就会多一些。如果商场（超市）规模小、档次普通、靠近住宅区，则驾车前往的顾客就会相对少一些。当然，到底要配备多少车位，不能主观臆测，要基于精确的数据分析。

2.4.2 出入方便

为了让顾客出入方便，停车场的出入口位置需要合理规划。同一位置，出入口朝向不同都会影响到进出的便利性。一般来讲，停车场出入口宜靠近主干道。停车场与城市道路的连接点要设计长度合适的匝道，用于车辆分流或合流，避免造成交通拥堵、影响顾客体验。

2.4.3 内部动线设计合理

停车场内部动线设计，涉及两个方面，一是车动线，二是客动线。

车动线，主要是指车辆在停车场内部的运行路线。从停车场入口进入，能否很快到达每个车位；从任一车位出发，能否迅速到达停车场出口；车辆在停车场内部行驶，是否容易造成拥挤。这些问题，都是车动线规划需要考虑的。

  而客动线，主要是指顾客在停放车辆后到达商场（超市）内部，以及购物完成后，从商场（超市）返回到车位的行走路线。良好的客动线，应该让这段行走路程变得便捷。一般的商场（超市）停车场都是地下停车场，所以电梯的重要性就凸显出来了。电梯的数量要足够，不要让顾客等待太久。如果购买的商品太多，则需要借助购物车到达停车位，那就要设置购物车通道，并规划相应的购物车存放区域。另外，清晰的导视系统必不可少，避免让顾客在停车场里迷失方向。

第3章
商场（超市）内部规划与布局

 导言 ▶▶▶

对于商场（超市）来说，好的内部规划与布局能营造出优美的购物环境，从而能有效延长顾客在商场（超市）的滞留时间，达到提升销售的目的。

3.1 橱窗设计

橱窗是商场（超市）用于展示商品的地方，顾客通过橱窗，可以直观地看到具体的商品陈列情况。

3.1.1 橱窗设计要点

橱窗的设计、装饰、陈列可以说是一种艺术，应当由专业人员来进行。橱窗的主要设计要点如下：

（1）橱窗原则上要面向客流量大的方向。

（2）橱窗可以多采用封闭式的形式，与卖场相适应，既美观，又便于管理商品。

（3）为了确保收到良好的宣传效果，橱窗的高度要保证成年人的眼睛能够清晰地平视里面的陈列商品，一般要保持在80～130厘米。小型商品可以放高一点，从大约100厘米高的地方开始陈列，大型商品则可以摆低一点，具体根据人身的高度相应调整。

（4）道具的使用越隐蔽越好。

（5）灯光的使用一是越隐蔽越好，二是色彩需要柔和，避免使用过于复杂、鲜艳的灯光。如果橱窗里安装了日光灯，却连遮蔽也没有，这样顾客所看见的不会是陈列商品，而是刺眼的灯光，就会影响顾客的注意力。

（6）背景一般要求大而完整、单纯，避免小而复杂的烦琐装饰，颜色要尽量用明度高、纯度低的统一色调，即明快的调和色。

（7）可以采用大面积的透明玻璃，使人一眼就能看到内部。

3.1.2 橱窗设计的注意事项

（1）努力追求动感和艺术美，以新奇的设计吸引顾客。

（2）通过一些生活场景使顾客感到亲切自然，产生共鸣。

（3）努力反映卖场及其所经营商品的特色，使顾客过目不忘，印入脑海。

（4）橱窗横向中心线最好能与顾客的视平线相齐，这样，整个橱窗所陈列的商品就都在顾客视野中。

（5）必须考虑防尘、防热、防淋、防晒、防风、防盗等，要采取相关的措施。

（6）应尽量少用商品做衬托、装潢或铺底；除根据橱窗面积注意色彩调和、高低疏密均匀外，商品数量不宜过多或过少。

（7）要做到使顾客从远处、近处、正面、侧面都能看到商品全貌（图3-1）。

图3-1 某商场橱窗展示效果

3.2 墙壁的设计

卖场的墙壁在设计上应与所陈列商品的色彩及内容协调,与卖场的环境和形象适应,一般有下列几种。

(1)壁面上架设陈列柜,以摆放、陈列商品(多用于食品店、文具店、杂货店、书店、药店等)。

(2)壁面上安置陈列台,作商品展示处(多用于各类服饰店、家用电器店等)。

(3)壁面上装简单设备,以悬挂商品、布置展示品(多用于各类电器店、服饰店)。

(4)壁面上安一些简单设备,作装饰用(多用于家具店等主要在地面展示商品的卖场)。

壁面的材料应以经济实用为原则,例如在纤维板上粘贴印花饰(面板)作为墙面,便于安装、拆卸。

3.3 地板的设计

3.3.1 地板的图形设计

地板的图形设计一般有"刚""柔"两种选择,如图3-2所示。

> **直线组合**
> 以正方形、矩形、多角形等直线组合为特征的图案带有阳刚之气,比较适合以男性消费者为主的卖场使用

> **曲线组合**
> 以圆形、椭圆形、扇形和几何曲线等组合为特征的图案带有柔和之气,比较适合以女性消费者为主的卖场使用

图 3-2 地板的图形设计种类

3.3.2 地板材料选择

地板的装饰材料,一般有瓷砖、塑胶地砖、石材地板、木地板等。主要考虑的是卖场形象设计的需要、材料的费用和大小、材料的优缺点等几个因素。对各种材料有清楚的了解,才有利于做决定。地板材料的优缺点具体如表 3-1 所示。

表 3-1 地板材料的优缺点

序号	品名	优点	缺点
1	瓷砖	(1)品种、颜色多、形状可自由选择 (2)耐水、耐火、耐腐蚀且相当持久	(1)保温性差 (2)硬度较弱
2	塑胶地砖	(1)价格适中,施工方便 (2)颜色丰富,为一般商场(超市)采用	易被烟头、利器和化学品损坏
3	石材地板	(1)华丽、装饰性好 (2)耐水、耐火、耐腐蚀	价格较高
4	木地板	(1)柔软、隔寒 (2)光泽好	易弄脏、易损坏,对顾客出入次数多的卖场不太合适

3.4 天花板的设计

在设计天花板时应考虑以下要点。

3.4.1 高度

(1)如果天花板太高,上部空间就太大,使顾客无法感受到亲切的气氛。
(2)如果天花板过低,会令顾客有压抑感。

一般情况下，天花板的高度是根据营业面积而定的，宽敞的卖场应适当高一些，狭窄的卖场则应低一些。

3.4.2 形状

（1）天花板一般为平面，但在其上面加点变化，对顾客的心理感受、陈列效果、店内气氛等都有很大影响。

（2）常用的天花板还有以下形状：格子形天花板、圆形天花板、垂吊式天花板、波形天花板、半圆形天花板、金字塔形天花板、倾斜天花板、船底形天花板等。

3.4.3 照明设备相配合

（1）天花板或以吊灯和外露灯具装饰，或将日光灯安置在天花板内，用乳白色的透光塑胶板或蜂窝状的通气窗罩住，做成光面天花板。光面天花板可以使店内灯火通明，但也会造成逆光现象，如与垂吊灯结合则会消除此缺点。

（2）天花板装修时在选用材料方面，除了要考虑经济性和可加工性外，还要根据卖场特点，考虑防火、消音、隔热、耐久等要求。

3.5 照明的设计

3.5.1 照明的类型

在设计卖场的照明时，通常按照基本照明、重点照明和装饰照明三种照明来具体设计。

（1）基本照明。基本照明是确保整个卖场获得一定的能见度而使用的照明。在商场（超市）里，基本照明主要用来均匀地照亮整个卖场。例如，天花板上使用荧光灯、吊灯、吸顶灯就是基本照明。

（2）重点照明。重点照明也称为商品照明，它是为了突出商品优异的品质，增强商品的吸引力而设置的照明。常见的重点照明有聚光照明、陈列器具内的照明以及悬挂的白炽灯。在设计重点照明时，要将光线集中在商品上，使商品看起来有一定的视觉效果。

例如食品，尤其是烧烤及熟食类应该用暖色光的灯具照明，可以增强食品的诱惑力和色彩的亮丽。

（3）装饰照明。装饰照明是为求得装饰效果或强调重点销售区域而设置的照明，是塑造视觉形象的一种有效手段，被广泛地用于表现卖场的独特个性。常见的装饰照明有：霓虹灯、弧形灯、枝形吊灯以及连续性的闪烁灯等。

3.5.2 不同区域照明设计的要求

在设计卖场照明时，并不是越明亮越好。在不同区域，如橱窗、重点商品陈列区、通道、一般展示区等，其照明光的强度（即照度）是不同的。具体要求如下。

（1）普通走廊、通道和仓库，照度为100～200勒克斯。

（2）卖场内照明，一般性的展示区以及商谈区，照度为500勒克斯。

（3）卖场内重点陈列品、POP广告（卖点广告）、商品广告、展示品、重点展示区、商品陈列橱柜等，照度为2000勒克斯。其中对重点商品的局部，照度最好为普通照度的3倍。

（4）橱窗最重点的部位，即白天面向街面的橱窗，照度为5000勒克斯。

3.5.3 照明的方式

（1）光与色。白炽灯耀眼而显得热烈，荧光灯柔和，一般卖场都是两者并用。从商品色彩来看，冷色（青、紫）用荧光灯较好，暖色（橙、黄）用白炽灯更能突出商品的鲜艳。服装、化妆品、蔬菜、水果等使用白炽灯、聚光灯则能很好地突出商品的色彩，创造气氛。

（2）光源的位置。不同位置的光源给商品所营造的气氛有很大的差别，如图3-3所示。

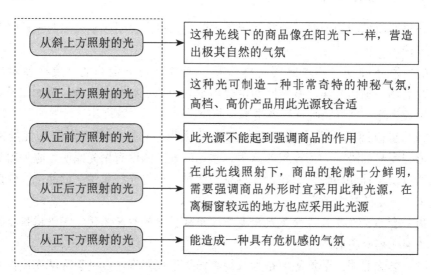

图3-3 光源的不同位置所营造的气氛

（3）照明的方位。在整体照明方式上，要视卖场的具体条件配光，灯光的使用上可采用图3-4所示的方式。

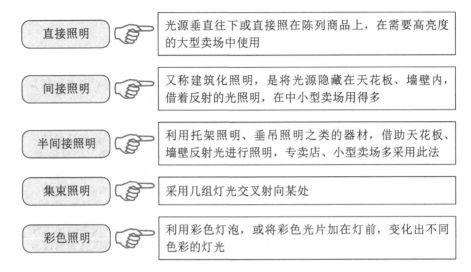

图3-4　卖场配光的方式

（4）注意事项。照明设计要注意防止照明对商品的损害。有时候，当顾客拿起商品时才发现商品有些部分已褪色、变色，这样不仅商品失去了销售的机会，同时也使卖场的信誉大打折扣。为防止因照明而引起商品变色、褪色、变质等类似事件的发生，应经常留心图3-5所示的事项。

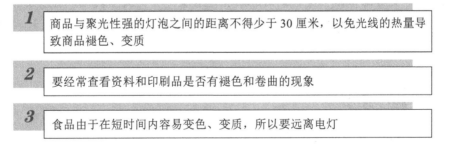

图3-5　防止照明对商品损害的注意事项

3.6　声音的设计

卖场内部的声音对顾客的购物情绪有着很大的影响，因此，商场（超市）必须做好对声音的设计工作，为顾客创造一个良好的购物氛围

3.6.1 音乐的选择

音乐的选择方法如图3-6所示。

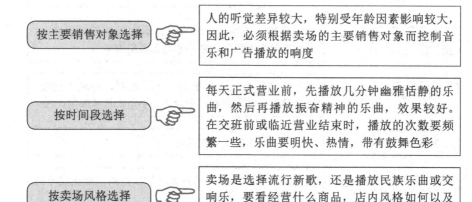

图3-6 音乐的选择方法

> **小提示**
>
> 一般情况下，卖场宜采用优雅轻松的轻音乐。乐曲的音量应控制为既不影响卖场里的人用普通音量交流，又不被噪声所淹没。播放时间控制在一个班次播放2小时左右。

3.6.2 减少噪声

减少噪声的措施如图3-7所示。

措施一 ▶ 减少卖场外部声音

来自卖场外的车辆、行人的喧闹声，对卖场内顾客产生着不同程度的负面影响，是应当消除的噪声。一般来说，小型卖场对这种噪声的控制水平较低，但也要尽可能通过隔音或消音设备尽量消除

| 措施二 | 减少卖场内或在柜台上产生的各种声响 |

> 这些声音从局部看，大多是有益的，如顾客与营业员的交谈，挑选时的试听、试用、试戴等产生的声响。但各种声音间的相互影响和交织极易变成噪声，形成对其他顾客的干扰，使顾客形成该卖场购物环境差的印象。应设置相应隔音或消音设备

图3-7 减少噪声的措施

如某商品的选购需要营造一个安静的购物环境，应将商品集中摆放或布置在高层或卖场深处，以使顾客有一个相对安静的购物空间。

相关链接

通过播放音乐来衬托卖场的购物环境

卖场音乐是每一个卖场在设计规划阶段中最基本的一项工作，好的音乐不仅可以点缀零售卖场气氛，给消费者提供一种全方位舒适的购物享受，也能在听觉上给顾客留下深刻印象。在卖场以消费者为中心的体验营销中，这是最能体现卖场服务的细节之一，每一个管理者都应予以重视。

我们都知道，在卖场设计中有一个意境设计，就是对经营理念、企业口号、广告、形象标识等方面进行打造。其目的主要是充分调动声光味、点线面、物景色元素，让消费者不仅仅感受到购物带来的一站式的体验、货真价实的商品，还能感到商场的时代感、知识性、趣味性以及美感。

如何做好卖场音乐播放管理，让消费者在听觉与心理上获得最大满意，还是有一定的技巧和方法，主要有以下几点。

1.不同节日播放与节日有关的主题背景音乐

比如，情人节播放情歌素材，父亲节、母亲节播放以节日为主题的歌曲，春节播放喜庆的音乐，让消费者一进卖场就能感知今天是什么节日。

2.不同时段播放不同风格的歌曲

卖场不同的时段客流量是不同的。比如：在高峰期就要播放以轻快为主

的流行音乐；在中午主要播放休闲音乐；平常的时段，可把音乐分为不同的风格，比如流行音乐、休闲器乐、摇滚乐、怀旧金曲、古典音乐等，并把这些按时间排列，首首之间穿插不同的风格滚动播放，会收到不同的听觉效果。

3. 固定开店音乐与打烊音乐

开店与打烊是每天固定的流程，同时对消费者也是一种提示，表明此时门店要开张或关门了，这时播放的音乐最好是比较规范的和固定的音乐。比如，开门播放的是迎宾曲或企业创作的歌，风格主要以流畅、激扬等类型为主，让人听到这首音乐就知道商场要开始营业了，给顾客一种暗示。一个有品位的商场一定要有两三首有代表性的背景音乐，从而使顾客记忆深刻。

4. 不同区域播放不同风格的背景音乐

这对卖场不同楼层不同商品区域较合适，比如儿童区域、家电区域、书刊区域应播放符合此区域消费群体的背景音乐。

5. 音乐节奏的控制

一般时段卖场可能主要是以欢快或抒情音乐为播放首选，节奏慢、伤感的音乐要谨慎选择，过多选择这类音乐可能会让人感觉没有活力，那背景音乐应有的效果就大打折扣了。

6. 音乐类型与风格的选择

能提升气氛的音乐类型适合在高峰期播放。从音乐品位上来说，经典音乐也可以考虑放进播放列表，这样不仅提升商场的品位与时代感，同时也对整体的背景音乐起到画龙点睛的作用。

不同卖场，对于背景音乐的播放风格是不一样的，卖场播音工作是最能体现其服务细节和形象的工作之一。如果播音员是红花，那背景音乐就是绿叶了，播音工作就像是一个旗手在为企业冲锋陷阵，背景音乐就是一面战鼓，时时为卖场呐喊助威，它让卖场更活泼、生动、时尚，让消费者通过这一细节感受商场服务艺术的与众不同。

3.7 色彩的设计

3.7.1 色彩感觉

色彩的冷暖是人们对色彩的最基本的心理感受。在掺入了人们复杂的思想感情和各种生活体验之后，色彩也就变得富有人情味了。色彩与色彩感觉的关系如表 3-2 所示。

表 3-2　色彩与色彩感觉

色彩	色彩感觉与色彩感情	色彩	色彩感觉与色彩感情	色彩	色彩感觉与色彩感情
红	热，刺激	紫	中性，少刺激	青绿	冷，很安静
绿	凉，安静	橙	暖，较刺激	紫青	较冷，较刺激
青	较冷，较刺激	黄绿	中性，较安静	紫红	稍暖，较刺激

一般说来，暖色给人以温暖、快活的感觉；冷色给人以清凉、寒冷和沉静的感觉。如果将冷暖两色并列，给人的感觉是：暖色向外扩张，前移；冷色向内收缩，后退。了解这些规律，对卖场购物环境设计中的色彩处理是很有帮助的。

3.7.2　商品形象色

在人们的印象中，不同商品具有不同的色彩形象，对此在设计卖场购物环境时一定要考虑到，并给予正确处理。一些大类商品的习惯色调如表 3-3 所示。

表 3-3　大类商品的习惯色调

商品大类	色彩感觉与感情	色彩运用
服装	时尚与适合	男性服装多取明快的色调 女性服装多取和谐、柔和的色调
食品	安全与营养	多采用暖色调
化妆品	护肤与美容	多用中性色调和素雅色调
工矿、机电产品	科学、实用与效益	多用稳重、沉静、朴实的色调
玩具和儿童文具	兴趣与活泼	多用鲜艳活泼的对比色调
药品	安全与健康	多用中性色调

3.7.3　顾客的性别、年龄、文化与色彩偏好

顾客的性别、年龄、文化情况等与卖场环境的色彩有着密切的关系。

因为人们的习惯偏好是由多种因素综合作用形成的，在一定文化水平下，不同年龄段的人，对色彩的兴趣偏好也不尽相同，具体如表 3-4 所示。

表3-4　年龄与色彩偏好对比表

年龄段	偏爱的色彩
幼儿期	红色、黄色（纯色）
儿童期	红色、蓝色、绿色、黄色（纯色）
青年期	蓝色、红色、绿色
中年期	紫色、茶色、蓝色、绿色
老年期	茶色、深灰色、暗紫色

3.7.4　注意事项

（1）色彩运用要与商品本身色彩相协调。店内的货架、陈列台必须为商品的销售提供色彩的支持，以衬托商品，吸引顾客。

比如，化妆品、服装等应使用淡雅、洁净的色彩，音像制品、玩具、礼品等应使用浓艳、对比强烈的色彩。

（2）使用有对比效果的颜色。例如背景为黄色的墙壁，若陈列同色系的黄色商品时，不但看起来奇怪，而且商品难以引起顾客的注意，使商品的陈列丧失了应有的效果。由此可见，如果陈列时背景和商品采用有对比效果的颜色，如黑与白、红与白、黄与红等，商品会更加鲜明，从而吸引顾客的视线。

3.8　气味的设计

3.8.1　相关商品气味

卖场中的气味大多是与商品相关的，特别是在专柜中更为突出。例如卖花处的花香气味、皮革处的皮革气味、茶叶处的清香味等。不少顾客正是以商品散发出的气味来判断其质量状况的。

3.8.2　气味的积极作用

在卖场中，顾客对化妆品专柜的香气、食品的香味，以及其他刺激人神经的诱人气味等，都能产生积极的心理反应。商品与其气味的协调，显然对引起顾客兴趣、刺激顾客消费有积极的作用。

3.8.3 气味的消极作用

当然,对各种商品所释放的气味或卖场有意释放气味的浓度,要注意与顾客嗅觉相适应,即控制在顾客乐于接受的或能产生积极效果的程度。因为过强的气味刺激可能会使人厌恶,引起反感。

3.9 通风的设计

卖场内顾客流量大,空气极易污浊,为了保证店内空气清新通畅,冷暖适宜,应采用空气净化措施,加强通风系统的建设。

3.9.1 通风方式的选择

通风方式可以分自然通风和机械通风,如图3-8所示。

自然通风	机械通风
采用自然通风可以节约能源,保证卖场内部空气清新通畅,一般小型卖场多采用这种通风方式	规模较大的卖场,在建造之初就普遍采用紫外线灯光杀菌设施和空气调节设备,改善卖场内部的环境质量,为顾客提供舒适、清洁的购物环境

图3-8 通风方式

3.9.2 空调控制

(1)卖场的空调应遵循舒适性的原则,冬季应达到温暖而不燥热,夏季应达到凉爽而不骤冷。否则,会对顾客和卖场员工产生不利的影响。因此在使用空调时,维持舒适的温度和湿度是至关重要的。

(2)如果冬季暖气开得太足,顾客从外面进卖场都穿着厚厚的毛衣,在店内待不了几分钟都会感到燥热无比,结果往往来不及仔细浏览就匆匆离开,这无疑会影响销售。

(3)夏季冷气习习,顾客从炎热的外部进入卖场,会有不适应感,抵抗力弱的顾客甚至可能出现伤风感冒的症状。

3.9.3 空调机组类型的选择

（1）根据卖场的规模大小来选择。小型卖场可以设置立式空调，规模较大的卖场可以采用中央空调，在选择时特别要注意一次性投资的规模和长期运行的费用承受能力。

（2）卖场空调系统热源选择既要有投资经济效益分析，更应注意结合当时的热能来源，如果有可能采取集中供热，最好予以充分运用。

（3）卖场空调系统冷源选择要慎重，是风冷还是水冷，是离心式还是螺旋式制冷，都要进行经济论证，特别要注意制冷剂对大气污染的影响。

（4）在选择空调系统类别时，必须考虑电力供应的问题，详细了解电力部门对使用空调系统电源的要求，避免出现设备闲置的状况。

（5）卖场的空气湿度一般保持在40%～50%，更适宜在50%～60%，该湿度范围使人感觉比较舒适。对经营特殊商品的营业场所和库房，则应严格控制环境湿度，严防腐坏情况的发生。

3.10 标示用设施的设计

标示用设施包括指示图、商品类别的标示、机动性标示等，其设计要点如图3-9所示。

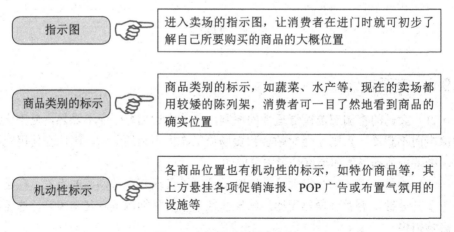

图3-9 标示用设施设计要点

> **小提示**
> 不管使用何种标示用设施,都应考虑出入口、紧急出口等引导顾客出入的标示是否显而易见,各部门的指示标志是否明显,气氛布置设施是否容易使用,广告海报是否陈旧破烂等。

3.11 收银台的配置与设计

商场(超市)收银台的数量应以满足顾客在购物高峰时能够迅速付款结算为出发点。大量调查表明,顾客等待付款结算的时间不能超过8分钟,否则就会产生烦躁的情绪。在购物高峰时期,由于顾客流量的增大,卖场内人头攒动,无形中就加大了顾客的心理压力。此时,顾客等待付款结算的时间更要短些,使顾客快速付款,走出店外,缓解压力。

3.12 存包处的设计

存包处一般设置在卖场的入口处,配备2～3名工作人员。顾客进入卖场时,首先存包领牌;完成购物以后再凭牌取包。现在许多规模大的卖场都设有自助式的存包服务,顾客自己存包,自己取包,减少了等待时间。

不论采用何种存包方式,都应该是免费的,否则会引起顾客的反感,直接影响到卖场的销售业绩。

第4章
商场（超市）商品规划与布局

 导言 ▶▶▶

商场（超市）布局设计与其经营商品的品种、经营方式以及经营场地紧密相关。商场（超市）的商品布局需根据顾客的需求，顾客计划性、非计划性的购买行为、购买顺序，结合商场（超市）的经营目的来充分考虑。

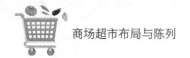

4.1 配置商品品类

商品配置关系到商场（超市）经营的成败，商品配置不当，会造成顾客想要的商品没有，不想要的商品太多，而且还浪费了卖场空间，造成了资金积压，最终会导致经营失利。

4.1.1 商品销售的法则

"80%的销售额来自20%的商品，80%的利润来自20%的商品。"这是零售业的一条经典法则。

（1）主力商品的选择——20%的商品。二八法则告诉我们，80%的销售额和利润来自20%的商品，因而确定商品结构很重要的是首先确定20%的商品，也就是主力商品（或称为A类商品）。它们的特征是符合大多数消费者的需求，被购买的数量大，频率高，而且价格敏感，可能多0.1元和少0.1元的销售情况完全不一样，其商品生命周期介于成长期或成熟期，比如鸡蛋和食用油。

（2）辅助商品的选择——80%的商品。对一个商场（超市）来说，如果只经营主力商品是不可能的，俗话说"红花还需绿叶扶"，主力商品的作用是在辅助商品的衬托对比下才显示出来的。而且相对来说，主力商品之外的商品毛利较高，其中有一些属于便民商品和连带商品。

比如，生姜的销售量不大，但如果顾客在超市里买鱼，就会顺带买买姜，如果因为生姜销售量不大，而取消它的销售的话，顾客可能连鱼都不在这买了。

4.1.2 商品分类的原则

商品分类是依据商品的用途来进行的，分类是依据"大类→中类→小类→单品"这样的顺序来进行的。

比如，××超市共有14个商品大类：它们依次是蔬果、鱼肉、熟食、日配、酒饮、冲调食品、粮油、休闲食品、日化、文体、家居、家纺、服饰、家电，如图4-1所示。

在每个商品大类下面为商品中类，在每个商品中类的下面为商品小类，在每个商品小类下面为单品。这种分类的原则主要是为了提高对单品的管理，加强管理的精确化、专业化。但在实际情况中，要根据商场（超市）的定位、经营战略和经营面积进行适当调整。

比如，一家食品加强型的超市，根据资金的状况，不打算经营家电和服饰，那么全店就没有家电和服饰这两个商品大类。

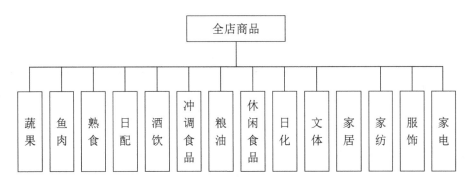

图4-1　××超市商品分类图

4.1.3　商品优选的原则

在商场（超市）的经营中，实际上大部分的销售额只来自一小部分的商品，基于这个规律，采购人员必须坚持商品优选的原则，具体如图4-2所示。

- 不断发掘创造大比例销售额的小比例商品
- 精心培育能产生利润并吸引顾客的主力商品
- 从相对无限的商品中优选出有限的商品
- 对优选出的商品要加以正确组合和合理配置
- 结合本商场（超市）的实际确定商品的最佳结构比
- 动态的理解和应用在实践中总结出来的结构比例规律

图4-2　商品优选的原则

相关链接

商品配置表的制作与修正

零售卖场内的商品陈列是用商品配置表来进行管理的。商品配置表是为了把商品陈列的排面在货架上做最有效的分配，以书面表格规划出的一张表格，如下表所示。

商品配置表

分类编号：									
姓名：					制作人：				

编号	品名	规格	卖价	发货单位	位置	排面	最小库存	最大库存
180								
170								
160								
150								
140								
130								
120								
110								
100								
90								
80								
70								
60								
50								
40								
30								
20								
10								

商品配置表的制作，可分成新开店制表和已开店配置表修正两种情况来

进行。

1. 新开店商品配置表的制作

新开店商品配置表的制作，是一个新的超市商品管理的开始，一般可按以下程序进行。

（1）商圈与消费者调查。商圈调查主要是弄清新店属地的市场容量、潜力和竞争者状况。消费者调查主要是掌握商圈内消费者的收入水平、家庭规模结构、购买习惯、对超市商品与服务的需求内容等。经过这两项调查，新店的经营者就可开始构思新店要经营什么样的商品。

（2）商品经营类别的确定。在进行了对消费者的调查后，就要提出新开设的超市的商品经营类别，由采购部会同门店人员共同讨论决定每一个商品大类在超市门店中所占的营业面积及配置位置，并制定出大类商品配置图，当商品经营的大类及配置完成后，采购人员就要将每一个中类商品安置到各自归属的大类商品配置图中去。

（3）单品项商品的决定。完成了商品大类和中类的商品配置图之后，就进入制作商品配置表的实际工作阶段，就是要决定单品项商品如何导入卖场。此项工作分以下三个步骤进行：

① 收集每一个中类可能出售的单品项商品资料，包括单品项商品的品名、规格、成分、尺寸、包装材料和价格。

② 对这些单品项商品进行选择，挑选出适合超市门店所在商圈消费群体的单品项商品，并列出商品台账。

③ 把这些单品项商品做一个陈列面安排，并与门店周围的商店做出一个优势比较，在分析的基础上对单品项商品做必要的调整，并最后决定下来。

（4）商品配置表的制作。商品配置表决定单品项商品在货架上的排面数，这一工作必须遵循有关商品陈列的原则，运用好商品陈列的技术。如商品配置在货架的上段、中段还是下段等，还须考虑到企业的采购能力、配送能力、供应厂商的合作等诸多因素，只有这样才能将商品配置好。在制作商品配置表时，采购人员应先做货架的实验配置，达到满意效果后，才最后制作商品配置表，所以采购部门要有自己的实验货架。由采购部门制作的商品配置表下发至新开设的超市门店后，门店将依据这些表格来订货、陈列，并只要在货架上贴好价目卡就可营业。

2. 商品配置表的修正

任何一家超市开业之后，商品的配置并不是永久不变的，必须根据市场和商品的变化做调整，这种调整就是对原来的商品配置表进行修正。商品配置表的修正一般是固定一定的时间来进行，可以是一个月、一个季度修正一次，但不宜随意进行修正，因为随意进行修正会出现商品配置凌乱和不易控制的现象。商品配置表的修正可按如下程序进行。

（1）销售情况统计。超市不管是单体店、附属店还是连锁店，必须每月对商品的销售情况进行统计分析。统计的目的是要找出哪些商品畅销，哪些商品滞销。配备 POS 系统的超市会很快统计出商品的销售情况；没有配备 POS 系统的超市则要从商品的进货量和库存量中去统计。

（2）滞销商品的淘汰。经销售统计可确定出滞销商品，但商品滞销的原因很多，可能是商品质量问题，也可能是销售淡季的影响、商品价格不当、商品陈列不好，更有可能是供应商的促销配合得不好等。当商品滞销的原因弄清楚之后，要确定滞销的状况是否可能改善，如无法进行改善就必须坚决淘汰，不能让滞销品占住了货架而产生不出效益。

（3）畅销商品的调整和新商品的导入。对畅销商品的调整，一是增加其陈列的排面；二是调整其位置及在货架上的段位。对由于淘汰滞销商品而空出的货架排面，应导入新商品，以保证货架陈列的充实。

（4）商品配置表的最后修正。在确定了滞销商品的淘汰、畅销商品的调整和新商品的导入之后，这些修正必须以新的商品配置表的制定来完成。新的商品配置表的下发，就是超市门店进行商品调整的依据。

4.2 优化商品组合

将商品分门别类予以归纳，在电脑系统里利用编号原则，有秩序、有系统地加以整理组合，以利于各种销售数据资料的分析并进行决策，这便是商品组合分类的真正用意。

4.2.1 商品组合的形式

商品组合的形式有以下几种。

（1）以目标市场为基础进行组合。商品组合的中心内容是确定经营商品的种类及各类商品的花色、规格、式样、质量、等级、价格等。商品种类的多少就是商品的宽度，花色品种的多少就是商品的深度。根据商品的宽度和深度的不同组合，商场（超市）的商品组合有以下几种情况，也可根据自身的情况进行选择。组合方式具体如表4-1所示。

表4-1 商品组合分类表

组合方式	优点	缺点
宽而深	市场大、商品丰富、顾客流量大、能一次购足	资金占用多、形象一般化、很多商品的周转率低、商品易过时
宽而浅	市场大、顾客流量大、投资宽而少、能一次购足、方便顾客	花色品种有限、满足顾客购物需要的能力差、形象较弱、顾客容易失望
窄而深	形象专门化、特定商品种类齐全、投资少、满足顾客购物需要的能力强、人员专业化	种类有限、市场有限、顾客流量有限
窄而浅	方便顾客、投资少	种类有限、顾客少、形象弱、顾客容易失望

（2）差异化策略。商品组合的形式可以采取差异化策略，具体如图4-3所示。

1. 以竞争对手没有的独特品项为特色，针对高收入的顾客
2. 经营自有商品，以区别于竞争店
3. 以新奇、不断变化的商品为特色，定期对商品、货位进行调整，给顾客以新鲜感
4. 以率先推出最新产品为特色，用新产品吸引顾客，带动整个卖场的商品销售
5. 以经营处于成长期的商品为特色，这类商品价格高、销量大

图4-3 商品组合的差异化策略

4.2.2 商品组合的类型

商品组合类型具体内容如表4-2所示。

表4-2 商品组合类型

序号	类型	具体内容
1	多系列全面型	着眼于向任何顾客提供所需的一切商品，采用这种策略的条件是商场（超市）有能力照顾整个市场的需要
2	市场专业型	向某个专业市场、某类特定的顾客群提供所需的各种商品
3	商品系列专门型	专注于某一类商品的销售，将其推销给各类顾客
4	有限商品系列专业型	商场（超市）根据自身的专长，集中经营有限的、单一的商品系列，以适应有限的、单一的市场需要
5	特殊商品专业型	根据自身的专长，销售某些具有优势销路的特殊商品项目
6	特殊专业型	凭借所拥有的特殊销售条件，提供能满足某些特殊需要的商品

4.2.3 商品组合的优化

对商品组合的优化，可以采取图4-4所示的几种方法。

图4-4 商品组合的优化方法

（1）商品系列平衡法。把商场（超市）的经营活动作为一个整体，围绕实现其经营目标，从商场（超市）的实力和市场引力两方面，对商品进行综合平衡，做出最佳的商品决策。采取这个方法，可按图4-5所示的步骤进行。

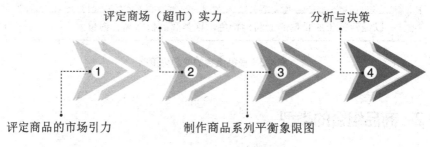

图4-5 商品系列平衡法的步骤

（2）商品环境分析法。商品环境分析法是把商场（超市）的商品分为六个层次，然后分析研究每种商品在未来的市场环境中的销售潜力和发展前景。具体内容如图4-6所示。

1　对目前商场（超市）的主要商品，应根据市场环境分析确定是否继续发展

2　对商场（超市）未来的主要商品，应努力开发、培养

3　对能使商场（超市）获得较大利润的商品，应适当增加其经营比例

4　对过去是主要商品而现在的销路已日渐萎缩的商品，要根据市场情况采取对策

5　对尚未完全失去销路的商品，可采取维持或保留的策略

6　对完全失去销路的商品或经营失败的新商品，应进行淘汰

图4-6　商品环境分析法的内容

（3）资金利润率法。资金利润率法是以商品的资金利润率为标准，对商品进行评价的一种方法。资金利润率是一个表示商品经济效益的综合性指标，既可反映赢利能力，又可反映投资回收能力。应用资金利润率法，可将商品的资金利润率分别与银行贷款利率、行业的资金利润率水平、优秀企业的商品资金利润率、经营目标及利润目标进行对比，达不到目标水平的说明赢利能力不高。将各种商品的资金利润率资料按经营目标及标准进行分类，结合商品的市场发展情况，预测资金利润率的发展趋势并作出商品组合决策。

4.3　调整商品结构

商场（超市）特别是大型商场（超市）必须根据自身的特点、消费者群体等方面的不同，在科学的市场细分、市场定位的基础上，不断地对经营品种进行科学的优化与调整。

4.3.1 调整商品结构的好处

调整卖场的商品结构，就像是在整理计算机的注册表，如果修改正确，会提高系统的运行速度，如果出现不正确的删改，可能会导致计算机的系统瘫痪。商品结构调整的好处，如图4-7所示。

节省陈列空间，可以提高门店的单位销售额

有助于商品的推陈出新

便于顾客对有效商品的购买，以便保证主力商品的销售份额

有助于协调门店与供应商的关系

提高商品之间的竞争

提高门店的商品周转率，降低滞销品的资金占压

图4-7 调整商品结构的好处

4.3.2 调整商品结构的前提

有的管理人员有时又会走进这样一个误区：觉得辅助商品的占有面积过大，于是删去了很多，以为可以不影响门店的整体销售，同时会提高单位面积的产出比例和主力商品的销售份额。结果是门店的货架陈列不丰满，品种单一，门店的整体销售下滑了很多。所以对商品结构的调整首先是在门店商品品种极大丰富的前提下进行的。

4.3.3 调整商品结构的依据

调整商品的结构，应以图4-8所示的指标为依据。

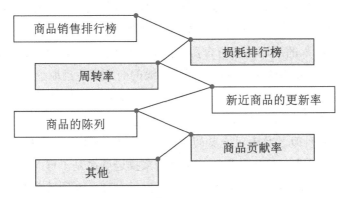

图4-8 调整商品结构的依据

（1）商品销售排行榜。现在大部分卖场的销售系统与库存系统是连接的，后台电脑系统都能够整理出卖场的每天、每周、每月的商品销售排行榜，从中就可以看出每一种商品的销售情况，调查其滞销的原因，如果无法改变其滞销情况，就应予以撤柜处理。在处理这种情况时应注意图4-9所示的两点。

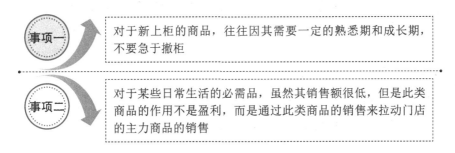

图4-9 处理商品撤柜的注意事项

（2）损耗排行榜。这一指标是不容忽视的。它将直接影响商品的贡献毛利。

比如，日配商品的毛利虽然较高，但是由于其风险大，损耗多，可能会是赚的不够赔的。曾有一家卖场的涮羊肉片的销售在某一地区占有很大的比例，但是由于商品的破损特别多，一直处于亏损状态，最后唯一的办法是，提高商品价格和协商提高供应的残损率，不然就将一直亏损下去。

对于损耗大的商品一般是少订货，同时应由供应商承担一定的合理损耗，另外有些商品的损耗是商品的外包装问题导致的，这种情况，应当及时让供应商予以修改。

（3）周转率。商品的周转率也是优化商品结构的指标之一，谁都不希望某种商品积压流动资金，所以周转率低的商品不能滞压太多。

（4）新近商品的更新率。卖场周期性地增加商品的品种，补充商场的新鲜血液，以稳定自己的固定顾客群体。商品的更新率一般应控制在10%以下，最好在5%左右。需要导入的新商品应符合卖场的商品定位，不应超出其固有的价格带，对于价格高而无销量的商品和价格低而无利润的商品应适当地予以淘汰。

（5）商品的陈列。在优化商品结构的同时，也应该优化卖场的商品陈列。

比如，处于对卖场的主力商品和高毛利商品的陈列面的考虑，应适当地调整无效的商品陈列面。对于同一类的商品，要根据价格带相应调整陈列和摆放。

（6）商品贡献率。单从商品销售排行榜来挑选商品是不够的，还应看商品的贡献率。销售额高，周转率快的商品，不一定毛利高，而周转率低的商品未必就是利润低。没有毛利的商品销售额再高，这样的销售又有什么用。毕竟卖场是要生存的，没有利润的商品短期内可以存在，但是不应长期占据货架。看商品贡献率的目的在于找出卖场的商品贡献率高的商品，并使之销售得更好。

（7）其他。随着一些特殊的节日的到来，也应对卖场的商品进行补充和调整。

比如，正月十五和冬至，就应对汤圆和饺子的商品品种的配比及陈列进行调整，以适应卖场的销售。

小提示

调整门店的商品结构，有助于提高门店的总体销售额。它是一项长期的管理工作，应当随着时间的变化而及时变动。

4.4 合理布局商品

所谓商品布局，就是指商场（超市）从全局出发将其所营商品陈列于店内最为合适的空间位置，以便最大限度地利用有限的店内空间，满足顾客的各种需求，最终获取最佳的经济效果。它具有和经济布局相类似的要求和特点，一般来说，商品的布局应遵循图4-10所示的原则。

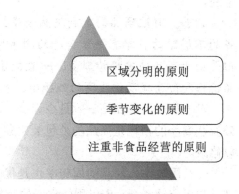

图4-10 布局商品的原则

4.4.1 区域分明的原则

为给顾客提供舒适的选购区域，节省顾客的购物成本与体力成本，达到顾客在尽可能小的区域对同类商品完全浏览的目的，在商场（超市）商品布局过程中，食品与非食品之间、各大类之间的区域界限应尽量明显。

4.4.2 季节变化的原则

商品布局应根据季节及节日进行变换，入口处堆放商品的陈列或入口处货架商品的陈列尽量体现季节性。

比如，从 4 月上旬到 8 月底，在入口处一般陈列饮品；8 月底到翌年 4 月上旬陈列酒水。

4.4.3 注重非食品经营的原则

随着市场竞争白热化，对商场（超市）而言，在食品的品类及品种方面经营的差别逐渐缩小，另外相对非食品顾客对食品的价格更敏感，因此使食品的毛利空间逐渐缩小。所以，商场（超市）要想扩大毛利空间，必须在非食品的经营上下功夫，重视非食品经营，这就要求我们不仅在非食品的经营品种上下功夫，还要在非食品的布局规划上有所注重。

 相关链接

运用磁石理论布局商品

所谓磁石，就是指卖场中吸引顾客注意力的商品。运用磁石理论调整商品布局就是在配置商品时，在各个吸引顾客注意力的地方陈列合适的商品，以诱导顾客逛完整个卖场，并刺激他们的购买欲望，扩大零售企业的商品销售。根据商品对顾客吸引力的大小，可以将其分为第一磁石、第二磁石、第三磁石、第四磁石以及第五磁石。

1. 磁石的位置与商品类型

下表是磁石的位置与商品类型。

磁石的位置与商品类型

磁石类型	位置	商品类型
第一磁石	位于卖场中主通道的两侧，是顾客必经之地，也是商品销售最主要的地方	（1）销售量大的商品 （2）购买频率高的商品 （3）主力商品 （4）进货能力强的商品
第二磁石	穿插在第一磁石点中间，一段一段地引导顾客向前走	（1）前沿品种 （2）引人注目的品种 （3）季节性商品
第三磁石	指的是超市中央货架两头的端架位置。端架是卖场中顾客接触频率最高的地方，其中一头的端架又对着入口	（1）特价品 （2）大众化的品牌、自有品牌商品 （3）季节性商品 （4）时令性商品 （5）厂商促销商品（新产品）
第四磁石	通常指的是卖场中副通道的两侧，是充实卖场各个有效空间摆设商品的地点	（1）贴有醒目的促销标志的商品 （2）廉价品 （3）大量陈列的商品 （4）大规模广告宣传的商品
第五磁石	位于收银处前的中间卖场	（1）低价展销的商品 （2）非主流商品

在卖场中，各磁石商品的陈列位置可用下图来表示。

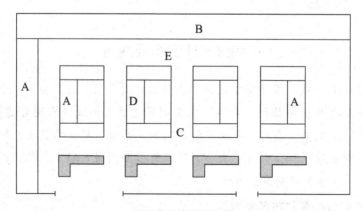

磁石商品的陈列位置

A 为第一磁石，B 为第二磁石，C 为第三磁石，D 为第四磁石，E 为第五磁石。

2. 各磁石的商品布置要点

各磁石的商品布置要点如下。

（1）第一磁石。在零售企业的卖场中，人们普遍认为第一磁石商品大多是消费者随时需要，又时常要购买的。

比如，蔬菜、肉类、牛奶、面包、豆制品等，应放在第一磁石点内，增加销售量。

（2）第二磁石。第二磁石商品应该是洗涤用品等，这些商品具有华丽、清新的外观，能使顾客产生眼前一亮的感觉，外观效果明显。第二磁石点需要超乎一般的照度和陈列装饰，以最显眼的方式突出表现，让顾客一眼就能辨别出其与众不同的特点。同时，第二磁石点上的商品应根据需要隔一定时间便进行调整，保持其基本特征。

（3）第三磁石。第三磁石商品应该是个人卫生用品，它们常被陈列在超级市场出口对面的货架上，发挥刺激顾客、留住顾客的作用。这些商品也是高利润商品，顾客较高的购买频率保证了该类商品一定规模的销售量。第三磁石商品的作用在于吸引顾客的视线，使顾客看到配在第三磁石商品背后的辅助商品。

（4）第四磁石。第四磁石商品应该是其他日用小商品。它们一般被陈列在超市卖场的副通道两侧，以满足顾客求新求异的偏好。为了使这些单项商品能引起顾客的注意，应在商品的陈列方法和促销方法上对顾客做刻意表达诉求，尤其要突出POP效果。

比如，大量的陈列筐式陈列、赠品促销等，以增加顾客随机购买的可能性。

（5）第五磁石商品。在第五磁石位置，门店可根据各种节日组织大型展销、特卖活动的非固定卖场。其目的在于通过采取单独一处多品种大量陈列的方式，造成一定程度的顾客集中，从而烘托门店气氛。同时，展销主题的不断变化，也给消费者带来新鲜感，从而达到促进销售的目的。

第5章
商场（超市）商品陈列概述

 导言 ▶▶▶

合理地陈列商品可以起到展示商品、刺激销售、方便购买、节约空间、美化购物环境等各种重要作用。据统计，店面如能正确运用商品的配置和陈列技术，销售额可以在原有基础上提高10%。

5.1 商品陈列的概念

商品陈列是以产品为主体,运用一定艺术方法和技巧,借助一定的道具,将产品按销售者的经营思想及要求,有规律地摆设、展示,以方便顾客购买,提高销售效率的重要的宣传手段,是销售产业广告的主要形式。

5.2 商品陈列区域的划分

在商场(超市)里,商品陈列的主要区域分为货位区、走道区、中性区和端架区等几部分,具体分布如图5-1所示。

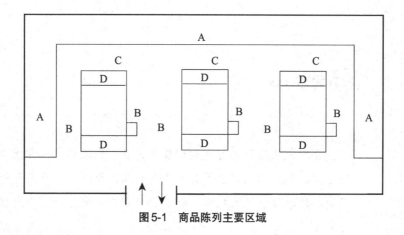

图5-1　商品陈列主要区域

图示说明如下。

(1)A表示货位区。商场(超市)中的大多数商品都被陈列在正常的货位区,摆放在美观、整洁的货架上,以供顾客浏览、选购。

(2)B表示走道区。为了吸引顾客的注意力,突出一些商品独特的个性以及售点促销的效果,在卖场的大通道中央摆放一些平台或筐篮,陈列价格优惠的商品。

(3)C表示中性区。中性区是指卖场过道与货位的临界区,一般进行突出性商品陈列,例如在收款台附近摆放一些小商品。

(4)D表示端架区。端架区是指整排货架的最前端或最后端,即顾客动线转弯处所设置的货架,常被称为最佳陈列点。端架区所处位置优越,很容易引起顾客的注意,常常陈列一些季节性商品、包装精美的商品、促销商品或新上市的商品。

5.3 商品陈列面积的确定

根据卖场规模确定的方法,可计算出零售卖场为满足顾客需求的最有效与最经济的面积,但这些面积要如何分配到各商品呢?有以下两种方法。

5.3.1 根据国民消费支出比例,参照现有卖场的平均比例进行划分

假设不论什么商品,其每一平方米所能陈列的商品品种数都相同,那么为满足顾客的需求,卖场各种商品的面积配置比例应与国民消费支出的比例相同。但目前卖场的商品结构比与国民消费支出的结构比例有很大的差异,更何况各种商品因陈列方法的不同,所需的面积也有很大的差异。但零售企业仍需以此数据为基准,在进行最简单的分配后,再做调整。现有零售卖场各商品部门面积分配的平均比例如表5-1所示。

表5-1 商品部门面积分配表

部门	国民消费支出结构比例/%	面积分配结构比例/%
果蔬	24	12～15
水产	11	6～9
畜产	19	12～16
日配	9	17～22
一般食品	7	15～20
糖果饼干	7	8～12
干货	10	10～15
特许品	6	3～5
其他	7	4～6

5.3.2 参考竞争对手的配置,发挥自己特色来分配面积

(1)在进行卖场商品的配置前,可以先找一家竞争对手或是某家经营得很好

的、可以向其学习的卖场,了解对方的卖场商品配置。

例如,某卖场是竞争店,它有100米的冷藏冷冻展示柜,其中果蔬20米、水产10米、畜产1.5米、日配品50米。

(2)接着就要考虑自己卖场的情况:如果卖场比对方大,当然就可以扩充上述设备,陈列更多的商品来吸引顾客;如果自己所在卖场面积较小,则应先考虑可否缩小其他干货的比例,以增加生鲜食品的陈列面积。

(3)在大型零售卖场经营中,生鲜食品经营是否成功往往也就决定了其成败。如果与竞争对手面积一样,那则可分析他们这样的配置是否理想;如果自己有直接的批发商,则可以在果蔬方面发挥特色,增加果蔬的配置面积,而对其他商品的陈列面积进行适度缩小或要求得更高一点。对于其他的一般食品、糖果、饼干、杂货等,也都可用此方法分析。

(4)各商品大类(部门)的面积分配好后,应再依中类的商品结构比例,进行中类商品的分配,最后再细分至各单品,这样就完成了陈列面积的配置工作。

5.4 商品陈列的原则

据统计,科学、专业、适应消费者心理和需求的商品陈列往往能带动30%～40%的销售增长。可见,商品陈列不是把商品简单地摆放在一起,而应遵循一定的原则,具体如图5-2所示。

图5-2 商品陈列的原则

5.4.1 寻找方便

寻找方便就是将商品按品种、用途分类陈列,划出固定区域,方便顾客寻找。为顾客制造寻找方便有以下几个办法。

（1）在卖场入口处安置区域分布图。通常，大型的零售企业入口处都有本卖场区域的分布图，方便顾客找到自己想要的商品。

（2）在每一个区域挂上该区域的名称，比如，生鲜区、日化区等，这样，顾客就能通过这些指示牌很容易找到自己所要选购的商品位置，如图5-3所示。

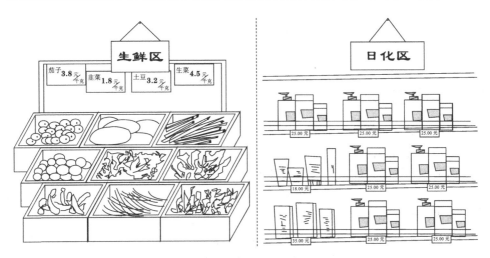

图5-3　顾客通过指示牌很容易找到自己所需的商品

（3）方便顾客选择、购买。门店要根据商品的特性来决定什么样的商品应该放在什么样的位置。

 相关链接

不同性质商品的陈列位置

1. 日用品、食品等商品

顾客需求量大的日用消耗品、食品、热门商品等，销售频繁，回转速度快，顾客在选择时一般能很快做出决定，所以应该尽量大量陈列在顾客最容易接触的区域。

2. 耐用品

类似家电等耐用品，回转速度较慢，顾客在选择上花费的时间更多，在考虑是否购买时不希望周围有太多干扰因素，所以应该陈列在比较僻静的位置，给顾客一个安静的环境慢慢选择、比较。

3. 贵重商品

像珠宝、首饰等贵重商品，则应该陈列在装修华丽的位置；又因为顾客在购买的时候选择、考虑的时间更多，所以也应该放在一个相对独立、安静的位置。

5.4.2 显而易见

显而易见就是要使顾客很方便看见、看清商品。商品陈列是为了使商品的款式、规格、价格等在顾客眼里"显而易见"。使商品显而易见需做好以下几点。

（1）为了让顾客注意到商品，陈列商品首先要正面朝外。

（2）不能用一种商品挡住另外一种商品，即便用热销商品挡住冷门商品也不行。否则，顾客连商品都无法看见，还何谈销售业绩。

（3）陈列在货架下层的商品不易被顾客看见，所以，营业员在陈列商品时，要把货架下层的商品倾斜陈列，这样一来方便顾客看到，二来方便顾客拿取。

（4）货架高度及商品陈列都不应高于1.7米，否则顾客不易拿取，如图5-4所示。同时，货架与货架之间保持适当距离，以增加商品的可视度。

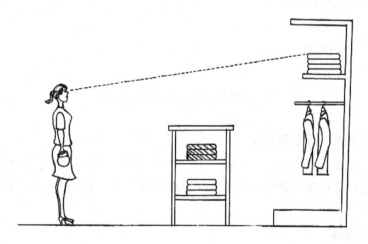

图5-4 货架高度和商品陈列都不应高于1.7米

（5）让商品在顾客眼里"显而易见"首先要选择一个顾客能一眼看到的位置。

（6）在商品陈列中，色彩的和谐搭配能使商品焕发异样的光彩，使商品更醒目，吸引顾客购买。

（7）商品陈列时要讲求层次问题。所谓商品陈列的层次，就是在分类陈列时，不可能把商品的所有品种都陈列出来，这时应把适合本店消费层次和消费特点的主要商品品种陈列在卖场的主要位置，或者将有一定代表性的商品陈列出来，而其他的品种可陈列在卖场位置相对差一些的货架上。

 相关链接

能够让顾客"显而易见"的陈列位置

1. 卖场进门正对面

通常顾客在进入卖场时会在无意识情况下立即开始扫视卖场内的商品，所以，卖场进门正对面是顾客最容易看见的位置。通常卖场会在进门的地方大量陈列促销商品。

2. 柜台后面与视线等高的货架位置

柜台后面与视线等高的位置是顾客最容易关注到的位置。通常顾客在选购商品时第一时间扫视的就是柜台后面与视线等高的位置。所以，营业员一定要把利润高、受顾客欢迎、销路好的商品陈列在此位置。

3. 与视线等高的货架

商场通常使用货架陈列商品，这样能增加陈列面积。货架上与人视线等高的位置最容易被顾客看见，所以也成为货架上的黄金陈列位置。一般在货架的黄金陈列位置（离地面85～120厘米之间）陈列销路好、顾客喜欢购买、利润高的商品。

4. 货架两端的上面

因为顾客在货架的一头很容易看见货架的另外一头，所以货架两端的上面也是容易被顾客看见的位置。

5. 墙壁货架的转角处

墙壁货架的转角处因为同时有更多商品进入顾客眼里，所以也是顾客容易关注的位置。

6. 磅秤、收银机旁

顾客在排队等候称量、交款的时候会有闲暇时间四处张望，所以在磅秤、收银机旁的商品容易为顾客所关注和发现。

7. 顾客出入集中处

顾客出入集中说明顾客流量大，人多必然被关注的机会多，所以顾客集中的地方的商品容易被顾客看到。

5.4.3 拿放方便

商品陈列不仅要使顾客方便"拿"，还要使顾客方便"放"。卖场在陈列商品时，要使顾客拿放方便则要做好以下几点。

（1）货架高度不能太高，最好不要超过170厘米。如果货架太高，顾客拿的时候很吃力，还要冒着摔坏商品的危险，最终常常会选择放弃。

（2）通常，商品与上段货架隔板保持可放入一只手的距离为最佳，这样方便顾客拿取和放回，如图5-5所示。

（3）货架层与层之间有足够的间隔，若层距太宽，会令顾客产生商品不够丰富的错觉。

（4）易碎商品的陈列高度不能超过顾客胸部。比如，瓷器、玻璃制品、玻璃瓶装商品的陈列高度应该以一般人身高的胸部以下为限度。陈列太高的话，顾客担心摔碎后要他赔偿，所以不放心去拿取观看，这样就阻碍了商品的销售。具体如图5-6所示。

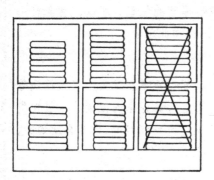

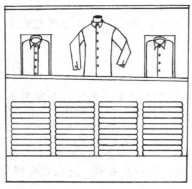

图5-5 商品之间留下一定的空隙

图5-6 易碎商品的陈列高度最好不要超过顾客的胸部

（5）重量大的商品不能陈列在货架高处，顾客一来担心拿不动摔坏商品，二来担心伤到自己。所以，重量大的商品应该陈列在货架的较低处。

（6）鱼、肉等生、熟食制品要为顾客准备夹子、一次性手套等，以便让顾客放心挑选满意的商品，这样可在更大程度上促进销售。

5.4.4　货卖堆山

在大型卖场，顾客看到的永远是满满一货架的商品，打折的特价商品更是在一个独立的空间堆放如山，因为大量摆放、品种繁多的商品更能吸引顾客的注意。陈列时要想货卖堆山，必须做到以下几点。

（1）单品大量陈列给顾客视觉上造成商品丰富、丰满的形象，能激发顾客购买的欲望。

单品大量陈列在货架上时，首先要保证有大约90厘米的陈列宽度，陈列宽度太大不利于节省陈列空间，陈列宽度太小不利于顾客看到商品。同时，做促销活动的商品要比正常时候的陈列量大很多，以保证有足够的商品供顾客选择和购买。

（2）商品要做到随时补货，也就是顾客拿取之后要及时补上；如果不能及时补上，要把后面的商品往前移动，形成满架的状态。具体如图5-7所示。

（3）单品售完无库存时，首先要及时报告上级有关部门，以及时向供应商要货。同时，挂上"暂时缺货"的标牌提醒顾客。

图5-7　对于货架的空档，要及时补上货品

5.4.5　先进先出

货品在以先进先出为原则进行陈列时，应按照以下几点操作。

（1）补货时把时间在前收进的、陈列在里面的商品摆放到外面来，并注意商品是否蒙上了灰尘，如果有，要立即擦净。

（2）注意商品的保质期，如果临近保质期仍然没有销售出去，要上报给上级部门，及时做出处理方案。

5.4.6　左右相关

左右相关也叫关联陈列，就是把同类产品陈列在一起，但又不仅仅是如此简单。一般卖场会把整个卖场分成几个大的区域，相关商品会集中在同一区域进行销售以方便顾客寻找和选择。具体操作时有些细节值得注意。

（1）首先要按照消费者的思考习惯来陈列。比如，婴儿用的纸尿布，是和婴儿用品陈列在一起还是和卫生纸、卫生巾陈列在一起？在卖场的分类里，它可以归到和卫生纸一类的卫生用品里，但是在顾客的眼里，它应该属于婴儿专用的商品，应该出现在婴儿专柜。

（2）顾客对食物的要求是卫生第一，所以一些化学商品和一些令人联想到脏污的商品要与食物远离。有时为了配合节日会设立一个主题区，比如情人节，会把巧克力、玫瑰陈列在一起，这样顾客在购买其中一种商品时会看到另外的相关的商品，由此引发新的购买冲动，促进销售。主题区具体如图5-8所示。

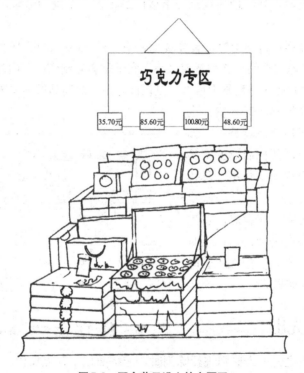

图5-8 配合节日设立的主题区

5.4.7 清洁保值

（1）清洁是顾客对零售企业环境最基本的要求。对于卖场工作人员来说，保持商品、柜台、货架、地面、绿色植物、饰物的清洁是一项基本工作。

（2）在有些特殊时期，要特别做好清洁工作，比如"流感"时期，应做好消毒和清洁工作，使顾客有一个健康和安心的购物环境。

5.5 商品陈列的要求

商品陈列是为了达到美化店面、刺激消费者的作用。良好的商品陈列布局不仅可以营造出"精品"的氛围,还可以突出商品的量感,使消费者一目了然,便于消费者寻找和提取。但不同的商品,其陈列要求也不一样,具体如下。

5.5.1 顾客随意性购买的商品

这类物品是列在顾客预购清单之外的商品,大多是顾客在闲逛的时候突发奇想或者被商品本身所吸引而购买的,一般都是些价值较低的小东西。这些东西虽然不能给卖场带来多大收益,但是出于方便顾客考虑,这些东西都应该摆放在显眼的位置。如果是大型商场(超市),就可以放在各区域的主要干道上,而小型商场(超市)就该摆放在卖场入口,方便顾客一眼就能瞧见。

5.5.2 生活便利品

这一类主要是指人们日常生活中所需要的东西,不需要货比三家、严格挑选。这些东西人们平时都会经常性购买,因为存放和保质时间的限制,往往一次购买不会非常多,所以就应该摆放在各个区域主要通道的两侧。

5.5.3 家庭日用器具

这类物品主要是指生活中需要的各种器物,消费者会根据自己的实际需要进行选购,应尽量放于卖场入口附近或者主要通道上。

5.5.4 选购品

这些物品不是消费者经常性购买的物品,在生活中也不是经常用到,只是到需要用的时候才会去买。这样,消费者对所需要的商品必定不会非常了解,免不了会反复地比较和挑选,最终选择性价比高的产品。那么,对于这一类商品,摆放位置也就不是那么重要,可以放在一些不起眼的角落。如果是只有一层楼的话,就可以尽量放在卖场的后面;几层楼的大卖场的话,就可以放在最顶层,以免占去不必要的空间。

5.5.5 贵重的奢侈品

这类商品因为价值较高，非常贵重，顾客一般都会精挑细选，并对其进行认真了解，安排购买计划，通过了解商品的质量、价格、价值之后才会放心大胆地购买。这类商品最好放在离卖场门口较远的位置，避开人流，方便顾客静下心来细细比较、琢磨。

5.6 商品陈列的方法

在商场（超市）中，将商品按类别陈列是最基本的陈列方法，它构成了商场（超市）卖场陈列的基础。在此基础上，商品陈列可以分为图5-9所示的多种方法。

图5-9　商品陈列的方法

5.6.1 集中陈列法

集中陈列法是商场（超市）商品陈列中最常用和使用范围最广的方法。它是把同一种商品集中陈列于一个地方，给顾客造成一种供货充足、价廉物美的感觉，激发顾客的购物欲望。这种方法最适合周转快的商品，其效果如图5-10所示。

5.6.2 整齐陈列法

整齐陈列法是指将商品按一定层面整齐堆放在一起的方法。它是一种非常简洁的陈列方法，通常按照货架的尺寸确定商品的排面数，整齐地排列堆积即可。其目的在于突出商品的量感，使顾客感觉到该商品在数量上非常充盈，以调动顾客的购买欲望。

图5-10 集中陈列效果图

在卖场里，饮料、罐装啤酒常用这种陈列方式。另有些季节性商品、折扣商品、购买频率高购买量大的商品也常用这种陈列方法。在运用时，需要注意商品必须是能压的。具体效果如图5-11所示。

图5-11 整齐陈列效果图

5.6.3 盘式陈列法

盘式陈列法实际上是整齐陈列法的一种变形，它不像整齐陈列法那样将商品从包装纸箱中一件一件取出，再整齐地堆积起来，而是将包装纸箱的上半部分剪去，以盘为单位，将商品一盘一盘地堆上去。

盘式陈列法是为了突出商品的量感，告诉消费者该商品是可以整箱出售的。

在实际操作中,理货员可以只剪去了商品包装纸箱的1/3部分,露出纸箱中的一排商品。这种陈列方法也常用来陈列饮料、啤酒等商品。具体效果如图5-12所示。

图5-12　盘式陈列效果图

5.6.4　两端陈列法

"两端"是指卖场中央货架的两头。中央陈列架两端的顾客流量最大,顾客往返时都要经过。

"两端"陈列的商品,可以是单一商品,也可以是不同商品的组合。单一商品最好是全国性品牌商品,这种商品具有较高的知名度,消费者常常会认牌购买,流转速度快,利润高。另外,几种不同商品的组合,在包装图案、颜色上相互搭配,能产生良好的视觉效果,在效用上互为补充或替代,有时也可以产生"陪衬"效果,可以很好地刺激消费者的购买欲望,实现扩大销售的目的。具体效果如图5-13所示。

> **小提示**
>
> "两端"是陈列商品的黄金地段,是卖场内最能吸引顾客注意力的地方。"两端"陈列的商品通常是高利润商品、特价品、新商品或全国性品牌商品,也可以是流转非常快的推荐品。

图5-13 两端陈列效果图

5.6.5 岛式陈列法

在卖场的入口处、中部,有时不设置中央陈列架,而配置以特殊陈列用的展台,这种陈列方法就称为岛式陈列法。

常见的岛式陈列法的用具主要有直径较大的网状货筐、冰柜和平台。前述的两端陈列法可以使顾客从三个方面看到陈列的商品,而使用岛式陈列法,顾客则可以从四个方面看到所陈列的商品,其效果是非常好的。

由于岛式陈列的位置一般在卖场的入口处、中部,所以它的高度不能超过普通消费者的肩部,否则就会影响整个卖场的视野。岛式陈列的商品应该是颜色鲜艳、包装精美的特价品、新商品,这样才能起到招徕顾客的作用。具体效果如图5-14所示。

图5-14 岛式陈列效果图

5.6.6 突出陈列法

突出陈列法也称为突出延伸陈列法，是指将卖场的中央陈列架的前面突出来一部分，用来陈列特殊商品的方法。

突出陈列法不仅打破了一般陈列的单调感，而且扩大了货架的陈列量，并将商品强迫式地映入顾客的眼中。突出陈列法有多种做法，有的在中央陈列架上附加延伸架，据调查这可以增加180%的销售量；有的将商品直接摆放在紧靠货架的地上，但其摆放高度不能太高，否则就会影响背后的货架陈列。具体效果如图5-15所示。

图5-15　突出陈列效果图

5.6.7 悬挂陈列法

悬挂陈列法是指将形状扁平、细长等无立体感的商品悬挂起来陈列的一种方法。悬挂陈列能使顾客从不同的角度来欣赏商品，具有化平淡为神奇的促销作用。有些商品由于物理性方面的限制，其外观平淡无奇，不足以打动消费者，运用悬挂陈列可以增加它的观赏性，加大销售的可能性。具体效果如图5-16所示。

图5-16 悬挂陈列效果图

5.6.8 定位陈列法

定位陈列法是指在卖场中,某些商品的陈列位置一经确定,在相当一段时期内便不会发生变化的一种陈列方法。在实际经营活动中,一些品牌商品需要运用定位陈列,因为这些商品具有较高的品牌知名度,有一大批忠实顾客,他们常常是认牌购买。

他们只要知道这些商品的陈列位置就会直奔主题,无需再花费时间与其他品牌商品进行比较。在卖场陈列架上,品牌商品的占用空间不用太大,只要品牌标志醒目就可以了。这类商品流转比较快,并且占用陈列空间小,货架上的储量少,因此需要理货员勤上货。

5.6.9 比较陈列法

比较陈列法是指将同一品牌的商品,按不同规格、不同数量进行分类,然后陈列在一起,让顾客通过数量和价格方面的比较来选择购买的一种陈列方法。比较陈列法是在同一品牌商品的不同规格之间进行比较,让顾客分辨哪种价格更为便宜,以满足其求廉的心理,从而达到促销的目的。

比如,不同规格的雪碧,有罐装的、桶装的、6罐装的、12罐装的等,单位容量的价格都有不同幅度的差异。

比较陈列法的具体效果如图5-17所示。

图5-17　比较陈列效果图

5.6.10　关联陈列法

关联陈列也称配套陈列,即将种类不同但效用方面相互补充的商品陈列在一起,或将与主力商品有关联的商品陈列于主力商品的周围以吸引并方便顾客购买的陈列方法。例如,将浴液与洗发水、香皂与香皂盒、皮鞋与鞋油放在一起,顾客在购买了A商品以后,顺便会购买旁边的相关商品B或C。

关联陈列的适用范围如图5-18所示。

用途上的关联	如空调、电视、影碟、立体音响、录像等商品相邻陈列;再如在销售家庭装饰用品时,把地毯、地板装饰材料、壁纸、吊灯等共同布置成一个色调和谐、图案美观、环境典雅的家庭环境,形成一种装饰材料的有机组合,让顾客在比较中感受到家庭装饰对居住环境的美化作用
附属上的关联	旅行用品如电动刮胡刀、电吹风、照相机、望远镜等陈列

| 年龄上的关联 | 👉 | 如老年用品助听器、按摩器、小型电器、电热毯、频谱仪等陈列 |

| 商标上的关联 | 👉 | 陈列商品以商标为纽带进行系列陈列，如强生用品系列有婴儿润肤露、婴儿无泪洗发水、婴儿爽身粉、洗面露、面部调理液、面部凝露等产品，这些可摆放在一起 |

图5-18 关联陈列的适用范围

小提示　运用关联陈列法时要注意：相邻商品必须是互补商品，确保顾客产生连带购买行为。关联陈列法增加了卖场陈列的灵活性，加大了商品销售的机会。但陈列商品的类别就应该按照消费者的需要进行划分，例如卧室用品、卫生间用品、厨房用品等。

5.6.11 接触陈列法

接触陈列法是使顾客能够直接接触到商品，通过实际的接触，直接刺激顾客的感觉器官，这样常常能够取得更好的成果。

比如销售服装、鞋帽的部门，如果不让顾客接触商品，不让试穿、试戴，光凭视觉，是无法让顾客放心购买的。

使用接触陈列法时应注意对易碎商品的保护，例如玻璃、瓷器等器皿应该放在稳妥的位置，防止因顾客不经意的触碰而被打破，这样既损坏了促销品，也易伤到顾客。接触陈列的具体效果如图5-19所示。

图5-19 接触陈列效果图

5.6.12 季节陈列法

季节陈列法强调围绕季节来进行货品陈列。这种陈列法常常把突出的季节性商品陈列在橱窗、展台的中心位置或商品前列等引人注目的地方。

季节陈列法也适用于节日陈列。在节假日促销活动中，促销人员可根据节日特点及促销活动主题进行促销品陈列，以达到突出商品的作用。具体效果如图5-20所示。

图5-20 季节陈列效果图

5.6.13 连带陈列法

连带陈列法即把那些在使用上有连带关系的商品放在一起陈列。这样既便于顾客购买，又便于销售和商品保管。

比如，买了啤酒要用开瓶器，接着需要倒进杯子里才能品尝，因此啤酒、开瓶器和啤酒杯可以摆在一起。把女性用品和婴儿用品摆在一起，因为一般在家庭中女性负责照顾婴儿的衣食。

5.6.14 图案陈列法

图案陈列法就是充分利用商品的形状、特征、色彩等，使用适当的夸张和想象，对商品进行摆放，形成一定的图案，使顾客既看到有关商品的全貌，又受到艺术的感染，产生美好的印象。在货品陈列中常用的图案陈列法如表5-2所示。

表5-2 图案陈列方法及适用促销品

序号	陈列图案	商品摆放方法	适用促销品
1	直线	把商品按大小或形状特征排成直线图案,注意把商标朝外,标价牌整齐完整,字迹清晰完整	形状标准、大小统一的商品
2	曲线	将商品摆成各种曲线形式的陈列,如三角曲线、直角曲线、圆弧曲线、长水纹波曲线	小件零星商品
3	塔形	利用商品的实际形状或外包装将促销品搭建成塔形的立体图案	玩具、文娱品和玩具等商品
4	梯形	将促销品折叠好,并按照梯形逐层错叠,从而使商品的部分花纹和图案展现出来	折叠整齐的床单、毛毯、衬衫、时装等
5	构图	利用商品的色彩摆出如大红"喜"字等图案的陈列方法	有鲜艳色彩的商品
6	悬挂	将促销品悬挂起来,展示促销品的图案	服装、绸缎、呢绒、被面、毛巾、手绢、袜子等软性商品

图案陈列法的具体效果如图5-21所示。

图5-21 图案陈列效果图

5.6.15 最佳高度法

一般说来，与顾客视线相平、直视可见位置是最好的位置。货架上的商品陈列效果会因视线的高低而不同，在视线水平而且伸手可及的范围内，商品的销售效果最好。在此范围内的商品，其销货率为50%；随着视线的上升或下移，销售效果会递减。

国外的一项调查结果显示，商品在陈列中进行上、中、下三个位置的调换，商品的销售额会发生如表5-3所示的变化。

表5-3 商品陈列高度与商品销售额变化统计表

变化范围	销售额变动幅度
中段到上段	+63%
中段到下段	-40%
下段到中段	+34%
下段到上段	+78%
上段到下段	-32%
上段到中段	-20%

表5-3中的结果是用同一种商品来进行测试的，它是几种典型商品的试验结果，因此不能作为一种绝对数据来运用，但"上段"陈列位置的优越性是显而易见的。

以高度为170厘米的货架为例，将商品的陈列位置进行细分，如图5-22所示。

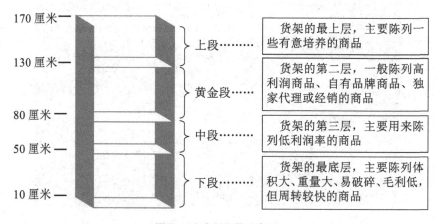

图5-22 陈列位置示意图

5.6.16 特殊陈列法

（1）纸箱陈列法。纸箱陈列法如表5-4所示。

表5-4　纸箱陈列法

定义	适用范围	陈列效果
将进货（包装）用的纸箱按一定的深度、样式进行裁剪（割箱陈列），然后将商品放入其中陈列	（1）适用于广为人知、深受消费者欢迎的品牌 （2）预计可廉价大量销售的商品 （3）中、大型商品以及用裸露陈列的方式 （4）难以往高堆积的商品	（1）价格低廉的形象及其价格易被传扬出去 （2）给顾客一种亲切感、易接近感，量感突出 （3）节省陈列操作的人力、物力 （4）易补充、撤收商品，可布置成直线、V型、U型等

（2）投入式陈列法。投入式陈列法如表5-5所示。

表5-5　投入式陈列法

定义	适用范围	陈列效果
这种陈列方法给人一种仿佛是将商品陈列在筐中一样的感觉	适用于此种陈列方法的商品： （1）中、小型，一个一个进行陈列处理很费工夫的商品 （2）本身及其价格已广为人知的商品 （3）简便性较高的商品 （4）低价格、低毛利的商品	（1）价格低廉的形象及其价格易被传扬出去 （2）即使陈列量较少也易给人留下深刻印象，可成为整个卖场或某类商品销售区的焦点 （3）陈列时间短，操作简单，陈列位置易变更，商品易撤收

（3）翼型陈列法。翼型陈列法如表5-6所示。

表5-6　翼型陈列法

定义	适用范围	陈列效果
在平台的两侧陈列关联商品的方法	适于此种陈列方法的商品： （1）主要通过平台进行销售的商品和相关联的商品 （2）通过特卖销售的少量剩余商品	（1）商品的露出度提高，增加商品出现在顾客视野中的频率 （2）突出商品的廉价性、丰富性，并使卖场给顾客一种非常热闹的感觉

（4）阶梯式陈列法。阶梯式陈列法如表5-7所示。

表5-7　阶梯式陈列法

定义	适用范围	陈列效果
将箱装商品、罐装商品堆积成阶梯状（3层以上）的陈列方法	适用于此种陈列方法的商品主要是箱装、罐装等堆积起来也不会变形的商品	（1）易产生感染力 （2）易使顾客产生一种既廉价又具有高级感的印象 （3）在陈列上节省时间 （4）不仅可用在货架端头，还可用在货架内部

（5）层叠堆积陈列法。层叠堆积陈列法如表5-8所示。

表5-8　层叠堆积陈列法

定义	适用范围	陈列效果
将商品层叠堆积的陈列方法	适用于此种陈列方法的商品： （1）罐装等可层叠堆积的筒状、箱装商品 （2）中、大型，具有稳定感的商品	（1）使商品的陈列量不大，也可给人一种量感 （2）可在保持安全感的同时将商品往高陈列 （3）可突出商品的廉价性及高级感

（6）瀑布式陈列法。瀑布式陈列法如表5-9所示。

表5-9　瀑布式陈列法

定义	适用范围	陈列效果
此种陈列方法给顾客一种仿佛瀑布下流的感觉	适用于此种陈列方法的商品： （1）圆形细长的商品 （2）预计可单品大量销售的商品	（1）易突出季节感、鲜度感，并使商品看上去就给人一种味道鲜美的感觉 （2）以裸露陈列为中心，易给顾客一种价格低廉的感觉

（7）扩张陈列法。扩张陈列法如表5-10所示。

表5-10　扩张陈列法

定义	适用范围	陈列效果
超出一般的陈列线，向前延伸陈列商品的方法	适用于此种陈列方法的商品： （1）新产品、重点商品、特卖品等希望引起顾客特别注意的商品 （2）小、中型商品 （3）希望加深顾客印象并为顾客提供制作菜谱的商品	（1）提高顾客对商品的注视率 （2）使陈列商品易被识别

（8）搬运容器（卡板）陈列法。搬运容器（卡板）陈列法如表5-11所示。

表5-11 搬运容器（卡板）陈列法

定义	适用范围	陈列效果
直接利用在商品配送上使用的容器进行陈列的方法	适用于此种陈列方法的商品： （1）价格广为人知的商品 （2）可以直接用搬运容器陈列的商品 （3）预计商品回转率较高的商品	（1）陈列作业上节省人力、物力 （2）方便商品种类数的管理，易突出价格低廉

（9）线状陈列法。线状陈列法如表5-12所示。

表5-12 线状陈列法

定义	适用范围	陈列效果
将商品陈列成线形的陈列方法	适用于此种陈列方法的商品： （1）罐装饮料等筒型、长方形的商品 （2）小型、中型商品，轻量商品	（1）突出所陈列商品的效果显著 （2）方便补充商品、修改陈列形状

（10）扇形陈列法。扇形陈列法如表5-13所示。

表5-13 扇形陈列法

定义	适用范围	陈列效果
接近半圆形的陈列方法	适用于此种陈列方法的商品： （1）陈列量较少的商品 （2）预计回转率不会很高的商品 （3）希望主要通过陈列效果促进销售的商品	（1）突出商品的高级感、鲜度感 （2）即使商品的陈列量不是很大，也会提高商品的存在感 （3）使顾客对商品的注视率提高

 相关链接

卖场陈列的艺术化趋势

1. 展示与陈列的个性化、多样化

商品展示与陈列设计紧随和适应社会的变化，特别是随着消费者价值观的变化和生活方式的变化而变化。商品展示与陈列以其多样化的形式风格，显示出一个个性化、多样化的未来。商品展示与陈列的艺术效果不仅要展现出消费者目前所需要的商品,更应反映其心目中所追求的形象与美好的未来。

2. 展示与陈列的脱商业化倾向

商品展示与陈列的商业气息开始淡化,文化色彩明显增强。主要表现在以下三个方面。

(1)功能多样化,卖场不仅是购物中心,还增添了一些文化娱乐设施、饮食服务设施等。顾客不仅仅是购物,同时还可以获得文化、精神各方面的享受。

(2)注意情节性场面的营造,追求舞台化的艺术效果,从而在消费者的思想深层留下深刻的印记。商品展示的舞台效果将带给顾客美好的艺术熏陶和享受。

(3)现代派艺术的引入,影响流派风格的形式与发展。如现代派的雕塑、绘画、建筑等均在当代卖场展示与陈列中有所体现。甚至通过卖场展示与陈列艺术,顾客仿佛看到了现代艺术的生活剪影。

现代的商业经营不再是简单的纯商业活动,而是与顾客进行各种心理交流的特殊活动。卖场的商品展示与陈列不能仅仅停留在开架售货或疏密有致的简单摆放,而要利用美学、心理学、人体工程学、社会学、行为学等方面的知识,利用商品缩短买卖双方的距离,了解顾客观看商品的特点和习惯,最大限度地吸引顾客的注意力。

3. 新的销售空间设计观念

将大自然引入销售空间——室内外的转换与交汇,特别是卖场室内的室外化倾向,使室内外连为一体,整个卖场气氛舒适温馨。运用材料、色彩、光照变化等,使狭小的空间扩大,使空旷的空间不空荡,避免特殊空间可能带来的一切消极的心理反应。

4. 展示与陈列呈现多种文化风格

在现代商品展示与陈列中,为了不断给顾客富有新意的印象,不同的卖场应风格各异,突出工业美、科技美与天然材质美,现代派与怀古传统派并存,国际派与地方派互补,呈现出多种文化姿态。

第 6 章
生鲜区商品陈列

 导言 ▶▶▶

总体来说,生鲜商品陈列标准以新鲜为主,凸显陈列饱满、卫生等特点。同时,生鲜部门内的商品陈列也要讲求商品陈列组合,甚至是跨部门的商品陈列组合,把关联性较强的商品进行交叉陈列,同时要强调商品组合的变化。

6.1 果蔬类的陈列

6.1.1 顾客动线与果蔬类的布局

果蔬类的陈列要注意客流动向,具体展示如下。

(1)叶菜的布局。叶菜的布局如图6-1所示。

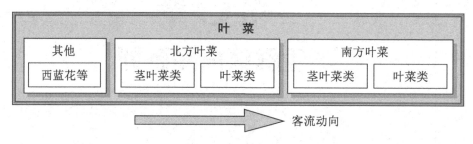

图6-1 叶菜的布局

(2)普通蔬菜的布局。普通蔬菜的布局如图6-2~图6-4所示。

图6-2 普通蔬菜的布局(一)

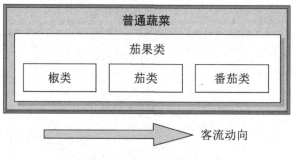

图6-3 普通蔬菜的布局(二)

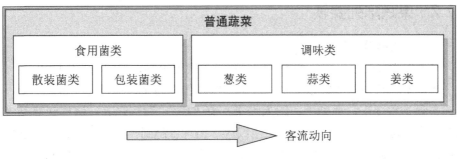

图6-4 普通蔬菜的布局（三）

（3）水果的陈列布局。水果的陈列布局如图6-5～图6-7所示。

图6-5 水果的陈列布局（一）

图6-6 水果的陈列布局（二）

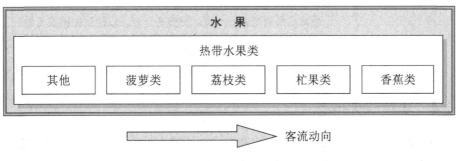

图6-7 水果的陈列布局（三）

6.1.2 果蔬陈列要领

(1) 一要新鲜，二要干净。

(2) 在卖场平台上或冷藏柜中随其形态展现出美感、丰富感及价值感。

在水果、蔬菜摆放的过程中，最基本的操作原则是：不扔、不摔、不倒，同时，必须是蒂朝下，面朝上。因为水果都有"面""背"之分，这样让商品"面对"顾客，可以把最好的卖相展现给顾客，也可以起到"商品自己推销自己"的作用，进而引起顾客的购买欲望。陈列顺序可以是：进口果→南方果→北方果。

6.1.3 果蔬陈列的五个基本方式

果蔬陈列有五个基本方式，如图6-8所示。

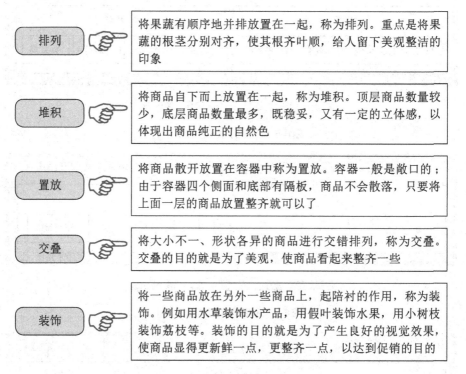

图6-8 果蔬陈列的五个基本方式

6.1.4 果蔬陈列形态

(1) 圆积形陈列。圆积形陈列主要用来陈列圆形的水果和蔬菜，如苹果、柚子、葡萄等水果以及西红柿、茄子等蔬菜。陈列的步骤如图6-9所示。

第一步	决定底面最下层的前面部分，接下来排边面，然后才排中央面第一层的部分
第二步	将第二层排在第一层商品与商品之间的中心点
第三步	再排第三层、第四层

图6-9　圆积形陈列的步骤

（2）圆排形陈列。圆排形陈列主要用来陈列体积较大一点的果蔬，如冬瓜、椰子、西瓜等。其陈列步骤如图6-10所示，具体效果如图6-11所示。

| 第一步 | 用挡板将商品的两侧固定起来，防止其松垮塌落 |
| 第二步 | 放置底层商品，每层商品重心相对，层层向上；同时，商品与商品之间不要留有空隙，给人一种整齐有序的感觉 |

图6-10　圆排形陈列的步骤

图6-11　圆排形陈列效果图

（3）茎排形陈列。茎排形陈列是将长条形蔬菜朝一定方向排列的一种陈列形式，采用这种形式的有葱、茭白、芹菜等。该方式陈列时应注意图6-12所示的事项，其陈列效果如图6-13所示。

| 首先决定果蔬的根或叶子的排列方向，接下来就可以整整齐齐紧密地堆起来 | 事项一 事项二 | 堆的时候要注意让商品互相重叠，数层对齐，这样商品就可以保持一定的高度 |

图6-12　茎排形陈列的注意事项

图6-13 茎排形陈列效果图

（4）交错形陈列。交错形陈列是用于陈列那种长度较长，但厚度不一的果蔬，摆放时要根叶相对，交错陈列。其陈列的方法如图6-14所示。

图6-14 交错形陈列的方法

（5）格子形陈列。该方式适合于尖形蔬菜，彼此交错层叠成类似格子形状，采用这种形式的有白萝卜、胡萝卜、青瓜等。其陈列方法如图6-15所示，陈列效果如图6-16所示。

1. 首先决定好第一层商品的排列方向，然后陈列底面的部分，接着排前面和边面的部分

2. 排第二层的商品时，要与第一层的商品保持垂直，形成格子状

3. 胡萝卜或萝卜，要将根或叶子的部分保持一定的方向，并堆积成格子状或"井"字状

图6-15 格子形陈列的方法

图6-16　格子形陈列效果图

另外，可以悬挂新增商品的知识小贴士（如新品的介绍），摆放相关证明、温度标准表、保质期、水果蔬菜的妙用等，这样不但非常醒目，也起到了良好的宣传作用，如图6-17所示。

图6-17　商品小贴士效果图

相关链接

永辉超市生鲜蔬菜瓜果陈列经

谈永辉必谈生鲜，谈生鲜必谈永辉。永辉超市作为首批将生鲜农产品引进现代超市的流通企业之一，在生鲜售卖方面备受赞誉，其生鲜陈列更是独树一帜。

1. 入口堆头陈列

超市入口的第一个陈列堆头，以高端精品水果为主。如此陈列，不仅展示了超市的商品品质，也可以用"首因效应"给顾客留下一个美好的印象。

入口堆头陈列

2. 货架关联陈列

在货架下方摆放关联性的商品——果汁，让货架显得不空洞。

货架关联陈列

3. 大小果分类陈列

入口左侧主通道旁是当季热销水果堆头，质优价廉绝对吸睛，旁边的货架上摆放的都是大果类。永辉超市的水果陈列，大果、小果都是分开的，这样方便顾客挑选，也显得整齐统一。

大小果分类陈列

4. 岛柜陈列

在柱子上摆上盒装果汁及一些小摆件，既能起到装饰作用，又能为商品做宣传。岛柜里放上盒装水果，顾客伸手即可拿到，无需挑选。岛柜外围放散装水果，方便顾客自己精心挑选。

岛柜陈列

5. 意境陈列

水果故作倾倒状，活泼自然，充满意境。

意境陈列

6. 便捷陈列

（1）梨类陈列，散装、盒装都有，让顾客自由选择。散装放在货架上方，顾客挑选时不必弯腰；盒装放在货架下方，整齐摆放。

梨类陈列

（2）结球类与瓜类蔬菜分两边陈列。同时，在货架上摆上些假体，可增加商品的丰盈度，也可以降低部分损耗。

结球类与瓜类蔬菜陈列

（3）叶菜、豆类、菇类用保鲜膜包装好均陈列在岛柜里。这样，蔬菜里的水分不易流失，关键是这些蔬菜看似都是精装，但它的价格都是一样实惠的，性价比超高。

叶菜、豆类、菇类等的陈列

商场超市布局与陈列

（4）带泥的地瓜、马铃薯、山药等用网袋装好，顾客挑选时手上不易沾上泥土。当然，散装的也有，给顾客多种选择。

带泥的地瓜、马铃薯、山药等的陈列

6.2 肉类的陈列

肉类的陈列要遵守系列化原则，体积大且重的肉类要置于下层，以使顾客易选、易拿、易看，并应按家禽、猪肉、牛羊肉三大类来陈列。同时，要将关联性的肉品陈列在相连接的位置中（图6-18），方便顾客连带购买。

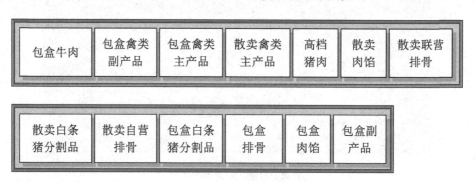

图6-18　关联性的肉品陈列衔接图

6.2.1 肉类陈列方式

（1）家禽类的陈列。家禽类的单品一般有36种，以3米展示柜为例进行说明，如图6-19所示。

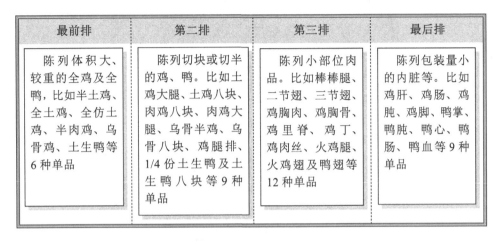

图6-19　家禽类的陈列示例图

（2）猪肉的陈列。猪肉经商品化处理后的单品较多，因此其陈列面应比家禽类宽。一般而言，以3.6米长的展示柜来陈列较能促进其销售。

猪肉火锅片及梅花肉片属于火锅类，与牛肉火锅片及羊肉火锅片并排陈列较为合适，其他的单品则宜依陈列原则来摆设。猪肉的陈列如图6-20所示，具体陈列效果如图6-21、图6-22所示。

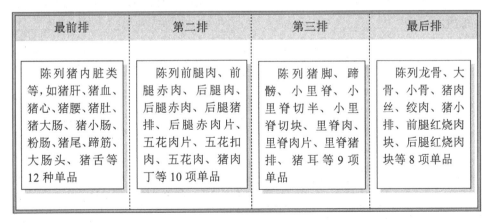

图6-20　猪肉的陈列示例图

图6-21 猪肉陈列效果图（一）

图6-22 猪肉陈列效果图（二）

（3）牛、羊肉类的陈列。这里以1.8米长的展示柜为例进行陈列说明，如图6-23所示。

最前排	第二排	第三排	最后排
陈列牛腩、牛尾、毛肚、牛筋、牛腱肉、羊肉丝、牛肉丝等7种单品	陈列牛排类，如纽约牛排、沙朗牛排、丁骨牛排、腓力牛排、薄片牛排等5种单品	陈列红烧类的红烧牛腩块、红烧里脊、红烧牛肋块、长条牛腩、羊腱块、红烧羊腩块、带骨羊肉块等7种单品	可摆设火锅类的肉片，如猪肉火锅片、梅花肉片、牛肉火锅片、羊肉火锅片及鹿肉火锅片等5项单品

图6-23 牛、羊肉类的陈列示例图

6.2.2 肉类陈列中的注意事项

对于肉类，在开店前、营业中、营业后都有许多特别要注意的事项。

（1）开店前。在开店前，肉类陈列要注意图6-24所示的事项。

1. 认真检查陈列台及陈列柜中的肉品，要注意肉色是否发生变化，包装是否完好，是否有汁水（或血水）渗出，是否有标签，标签的内容是否完整、清楚等
2. 每种肉品的上货量要达到最低标准，并使其排列整齐，给人整洁之感
3. 陈列面不应超过最大装载线，以免影响冷柜冷气的对流
4. 冷柜的灯光以及货架上的灯光要正常工作，不能影响肉品的视觉效果
5. 冷柜、货架以及有关器具要擦拭一新，晾干消毒。做到盘中无水，台上无尘
6. 各类肉品应根据不同部位，分割开来，按不同的价格进行销售，以满足顾客的不同要求
7. 关联性的肉品要陈列在相连接的位置中，方便顾客连带购买

图6-24 开店前肉类陈列注意事项

（2）营业中。在营业中，肉类陈列要注意图6-25所示的事项。

- 及时上货，保证展台上肉品的供应
- 定时检查冷柜的温度，以确保其制冷效果
- 定时检查肉品的颜色，及时剔除变质的肉品
- 检查商品的包装，如果发现包装脱落，要立即进行再包装
- 检查卖场的卫生情况，有飞舞的蚊蝇要立即消灭
- 检查肉品卖场的气味，有异味要立即根除
- 肉品陈列都应该小块件，以适应消费者家庭消费的需要

图6-25 营业中肉类陈列注意事项

（3）营业结束后。营业结束后，肉类陈列要注意图6-26所示的事项。

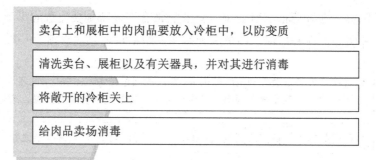

图6-26　营业结束后肉类陈列注意事项

6.3　水产品的陈列

商场（超市）卖场中的水产品可以分为三大类：新鲜的水产品、冷冻的水产品以及盐干类水产品，不同类型的水产品其陈列方式各不相同。

6.3.1　整体布局

水产品各品类的整体布局如图6-27所示。

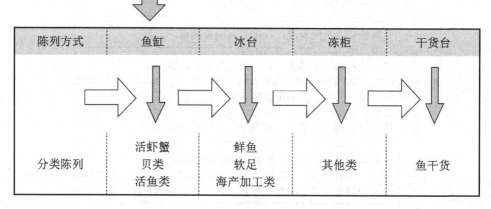

图6-27　水产品的整体布局图

6.3.2 水产品陈列的基本原则

(1) 新鲜卫生。要保持水产品的新鲜卫生,必须满足表6-1所示的工作要点。

表6-1 保持水产品新鲜卫生的要点

序号	卫生要点	具体说明
1	保证商品在正确的温度、正确的方式下陈列	(1) 正确的温度:鲜活商品陈列于鱼缸内,水温控制在20℃以下,鱼缸内不能有翻肚的鱼、死虾、死蟹;冻鲜商品陈列于冰台(冰厚至少3厘米)或冰柜内,至少一半陈列面接触冰面 (2) 正确的陈列方式:随时保持鱼池水循环和制氧充足;两栖类河鲜注水不超过5厘米;冰鲜商品需将商品的最大陈列面接触冰面,不重叠;带血商品需用托盘进行陈列,不直接陈列于冰面上,保持冰面洁净
2	随时剔除不良商品	不良商品是指鲜度下降、变质商品;破肚、掉鳃和卖相差的商品;流血水、包装破损的盒装商品
3	先进先出	在保证商品品质的情况下先入库的商品靠前摆放,以减少商品损耗
4	保持商品、陈列器具、陈列设备、陈列区的清洁卫生	(1) 定期清洁鱼缸,随时保持鱼池水质清澈(淡水鱼每天2次,早晚各1次);鱼缸清洁的标准为刚清洗完的鱼缸内壁不滑手、无水渍积垢 (2) 每日营业完毕后对操作台玻璃进行擦洗;操作台清洁标准为无鱼鳞、洁净 (3) 随时打捞鱼缸内泡沫 (4) 保持陈列器具及水产区域的清洁卫生;无卫生死角,保持台面的清洁、干爽

(2) 丰满整齐。水产品陈列丰满整齐的要求如图6-28所示。

① 一般商品不重叠,不打堆,同一商品按同个方向陈列;随时补货以保证商品的基本陈列量,在单品量少时可通过拉排面方式提升视觉上的丰满;但绝不可本末倒置,只强调拉排面而不补货。本方法适用于量少、缺货、高峰时段后的商品陈列

② 促销商品适当加大陈列面

③ 高峰期前适当增加陈列量

图6-28 水产品陈列丰满整齐的要求

（3）易挑易选。挑选性大的商品陈列在顾客易选、易拿、靠前的位置；挑选性小的商品可靠后陈列。

（4）价签与商品相对应。正确使用价签及价签牌，保证顾客能方便、直观地了解价格，并保证字体美观、价签牌清洁无破损，包括图6-29所示的两点。

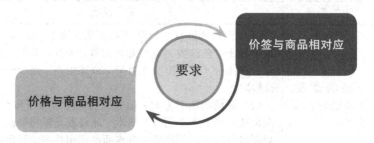

图6-29　价签与商品相对应的要求

6.3.3　区域布局原则

水产品区域布局应遵守图6-30所示的原则。

1	水产类与冻禽类分台（分开）陈列
2	同一中类商品相邻陈列
3	各种活鲜必须按品类特性进行陈列。如咸、淡水鱼分开，四大家鱼与鲈鱼、桂花鱼、河虾等分开，活鱼与贝壳类分开，贝壳类分咸、淡水等
4	精品与一般商品分台陈列

图6-30　水产品区域布局的原则

6.3.4　陈列器具及陈列道具使用规范

（1）做好每天4次的温度检查。

（2）营业结束时需放下冷柜的遮盖帘，将冷库锁门。

（3）做好冰台商品保冰过夜管理。

（4）半成品用挑选器具统一放于托盘右下角。

6.3.5 陈列方法

水产品的陈列主要有以下几种方法。

（1）全鱼集中法。全鱼集中陈列的方向要考虑美观及当地的习惯。以鱼头朝内、鱼尾朝外，鱼腹朝里、鱼背朝外的方向摆放（黄花鱼除外），此陈列法通常运用于中小型鱼。

（2）生动化陈列法。将鱼体以倾斜方式植入碎冰中，其深度不得超过鱼体的1/2宽度，依序排列，这样既显示活鲜鱼在水中游走的新鲜感及立体美感，又能让顾客容易看到、摸到，任意选择。

生动化陈列的方法：头朝向左上，鱼体与冰台边缘呈30度，鱼体与冰面呈60度。

（3）段、块鱼陈列法。鱼体较大的鱼无法以全鱼来进行商品化陈列，必须以段、块状加工处理后（以符合消费者一餐用完需要的肉量）来搭配增加美感。

（4）色彩显示陈列法。根据水产品本身的表面颜色、鱼纹、形状组合陈列，可以吸引顾客注意力，增加购买量。

6.3.6 不同水产品的陈列要求

不同水产品的陈列要求如表6-2所示，具体陈列效果如图6-31～图6-33所示。

表6-2 不同水产品的陈列要求

序号	类别		陈列要求
1	鲜鱼	基本原则	同一种类，畅销品及利润较好品种，陈列于良好"热点"；本店想卖的品种及重点商品，陈列于有利地点；销售量好或顾客一见就想要的鱼类，则不必陈列在有利地点；色彩鲜艳的鱼类陈列在醒目的地点；大型鱼容易看到，不必陈列在好地点
		定型陈列	（1）倾斜平面陈列：包装好的鲜鱼在开放式冷藏柜陈列，温度保持在0～3℃，勿堆积过多，否则会遮断冷气，应特别注意。切身的切口和刺身鱼肉的颜色是鲜度的象征，重叠放置易损坏切角，如此则降低商品鲜度感，应以平面陈列 （2）色彩展示陈列：以鱼类本身的色彩组合陈列可吸引顾客的注意力 （3）品种类别陈列：可使顾客容易找到及选择，是能促进顾客购买的陈列方法

续表

序号	类别	陈列要求
2	包装后鲜鱼	价格标签的位置与方向必须一致；以少量陈列为原则，经常补充货品，避免空柜现象发生；鲜度容易下降的物品，应只陈列一排较好；一定要使用生鲜托盘，使各单品的陈列整齐美观；失去新鲜度的商品应立即除去，以免影响其他商品在顾客中的形象
3	活鱼活虾	淡水鱼（要区分为塘鱼和河鱼）以及虾类分类陈列；水温控制在17～20℃之间即可；河鱼对水质的要求高，而且氧气要充足，密度不能高，在销售时要注意换水；虾类对水质和密度要求都很高，而且水温变化不能大，一般为2～3℃之间
4	冻品	（1）冻品陈列在卧柜或立柜里要打包，要选用环保盒 （2）要横向由右至左，规格由大到小进行陈列

图6-31　水产品陈列效果图（一）

图6-32　水产品陈列效果图（二）

图6-33 水产品陈列效果图(三)

6.4 冷冻制品的陈列

6.4.1 冷冻水产品

冷冻水产品有种类之别,也有包装之别。陈列时先按鱼类、虾类、蟹贝头类、鱼虾浆制品、什锦类及礼盒类分别陈列;然后再按照不同种类(例如鱼类即带鱼、平鱼、黄鱼、比目鱼等不同种类鱼)分别陈列;同类商品小规格陈列在前排,大规格陈列在后排。具体如图6-34所示。

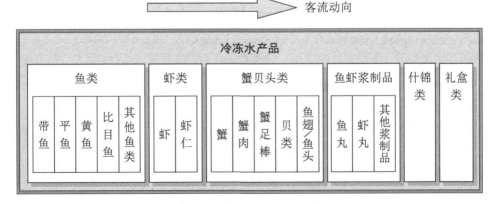

图6-34 冷冻水产品的陈列图示

6.4.2　冷冻肉类

冷冻肉类包括猪肉、牛肉、羊肉、鸡肉等大类，大类之中又有小类，陈列时先按大类来分别陈列，然后再按小类陈列，如鸡系列按照整鸡、鸡胸、鸡翅、鸡腿等分别陈列。具体如图6-35所示。

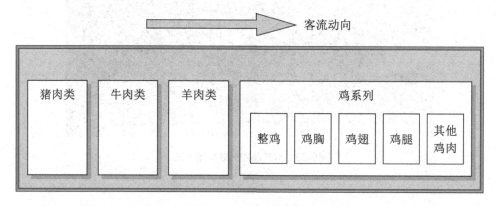

图6-35　冷冻肉类的陈列图示

6.4.3　速冻食品

速冻食品种类繁多，同类品种还有不同的口味，陈列时先按照微波食品（汉堡等）、煎炸食品（春卷等）、蒸煮食品（粽子等）及果蔬食品（薯条、豆类、地瓜饼、南瓜饼、糯米枣、玉米粒等）等分别摆放，同类、同规格、不同口味（如肉串包括孜然、椒盐、麻辣等口味，春卷有豆沙、枣泥等口味）的商品应相对集中陈列。具体如图6-36所示。

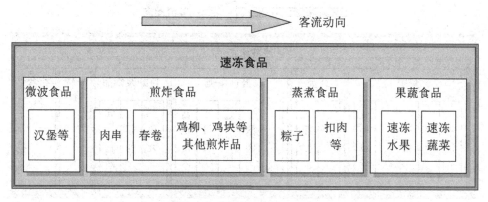

图6-36　速冻食品的陈列图示

6.4.4 速冻面点

速冻面点也有很多种类，不同种类还有不同的口味，陈列时先按照不带馅面点和带馅面点类分别摆放，不带馅面点再按照口味即原味面点（花卷、馒头等）和加味面点（奶馒头、鸡蛋馒头等）等分别陈列。带馅面点按照口味即甜味面点（豆沙、枣泥馅等面点）和咸味面点（包子等）分别陈列。具体如图6-37所示。

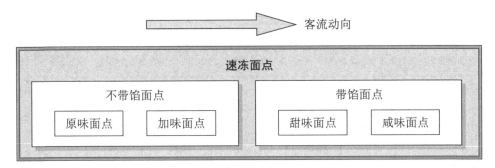

图6-37 速冻面点的陈列图示

6.4.5 速冻水煮面食

速冻水煮面食有水饺、云吞、汤圆等大类，大类中又有口味之分。陈列时先按照水饺、云吞、汤圆等大类分别摆放，同类商品再按口味来陈列，如水饺按肉馅、海鲜馅、素馅等分别陈列。同类、同规格、不同口味（如肉馅水饺按白菜、芹菜、韭菜等口味，汤圆里有芝麻、豆沙等口味）商品应相对集中陈列。具体如图6-38所示。

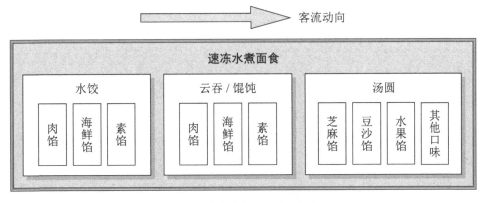

图6-38 速冻水煮面食的陈列图示

6.4.6 冰品

冰品有冰激凌和水冰之分，还有包装之别，陈列时先按冰激凌和水冰两类分开摆放。在冰激凌类中再按照包装（如家庭多只袋装、家庭盒装、即食碗装和单只装）陈列，水冰同样按照包装（如家庭多只袋装、家庭盒装和单只装）陈列。相同类别、相同规格、不同口味的商品应集中陈列。具体如图6-39所示。

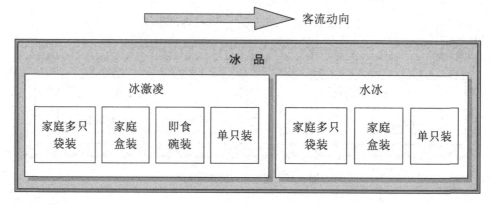

图6-39　冰品的陈列图示

第7章
食品区商品陈列

 导言 ▶▶▶

食品区的分类陈列是所有物品中最难以把握的陈列之一,如何把各种食品陈列得看起来整齐又容易吸引顾客,是实体零售长期以来的一门学问。

7.1 自制类食品的陈列

对于自制类食品，从开始营业到营业结束，都要保证商品的质量和陈列处于最佳状态。

7.1.1 分类陈列动线

自制类食品的分类陈列动线通常如图7-1所示。

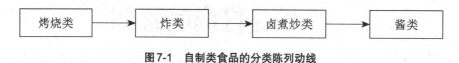

图7-1 自制类食品的分类陈列动线

7.1.2 自制商品子类陈列图

门店在进行陈列时，宜设计好陈列图，将热食和冷食柜分开，如图7-2所示。

烤制品					炸制品						卤制品					酱制品	
烤类促销品	烧烤家禽类	烧烤猪类	烧烤牛羊类	烧烤其他	炸类促销品	炸制家禽类	炸制猪类	炸制水产类	炸制牛羊类	炸制蔬菜类	炸制其他	卤类促销品	卤煮猪类	卤煮牛羊类	卤煮家禽类	卤煮水产类	卤煮其他	酱制畜类	酱制禽类
热柜陈列												常温柜陈列					

图7-2 自制商品子类陈列图

7.1.3 自制类食品基本陈列量

自制类食品基本陈列量如表7-1所示。

7.1.4 自制食品类陈列的基本要求

自制食品类陈列的基本要求如下。

（1）用价格牌标示或POP标示，散装食品标示卡书写正确，放置明显位置，整齐、整洁、清晰。

第7章 食品区商品陈列

表7-1 自制类食品基本陈列量

品名	单位	陈列盘尺寸	陈列量	陈列盘尺寸	陈列量
自制烤鸭	只	250毫米×300毫米	2	300毫米×800毫米	5
刷烤半边鸭	半只		3		6
自制巴黎烤鸡	只		3		5
自制炸马面鱼	千克		1.5		3
自制香酥花生	千克		3		5
自制椒盐海蟹	千克		1		2
自制干炸带鱼	千克		1.5		3
自制干炸小黄鱼	千克		1		2
自制干炸鲳鱼	千克		2		4
自制炸鱼块	千克		1		2.5
自制辣炸鸡	只		2		5
自制炸半边鸡	半只		3		6
自制香辣琵琶腿	只		8		15
自制香辣鸡翅根	只		10		20
自制香辣鸡中翅	只		10		20
自制山椒凤爪	千克		1		2.5
自制卤翅尖	千克		1.5		3
自制卤鸡肝	千克		1.5		3
自制卤水鸡胗	千克		1.5		3
自制卤水猪肝	千克		2		4
自制东坡肉	千克		3		5
陈列重点	\(1\)开店前门店根据商品单品标准陈列量加工陈列（快讯商品除外） \(2\)门店根据生产日报表、时段补货量确定销售高峰生产量，以保证商品的新鲜度及品质 \(3\)营业中，18:00前不得低于标准陈列量，20:00以后可以空缺排面（快讯商品除外） \(4\)此数据仅供参考，请各店结合门店实际设施进行陈列（必须满足覆盖陈列盘底部不漏底）				

(2) 陈列冷柜的温度需要达到 0～4℃，热柜需达到 60℃。

(3) 商品排放整齐，饱满有量感，保质保量。

(4) 颜色搭配吸引顾客。

(5) 在出炉时加强叫卖吸引顾客——热卖。

(6) 试吃：烧烤、卤煮炒，试吃时间为 10:00～14:00，15:00～20:00，试吃专人负责。

(7) 商品保证先进先出原则。

(8) 熟食二次开店时间为 16:00，重点为补货、装饰、陈列设备、清洁卫生。

7.1.5 不同类自制食品的正常陈列规范

不同类自制食品的正常陈列规范如表 7-2 所示。

表 7-2 不同类自制食品的正常陈列规范

分类	陈列温度	销售期限	陈列要求
烧烤类	60℃	1 天	(1) 烤烧类商品出炉时间设为开店前 (2) 烤烧类商品不得挤压 (3) 烤烧类商品保质期为一天，排面上不得有隔日商品 (4) 烤烧类商品开门加工基本陈列量 (5) 烤烧类商品每日 19:00 以后可以缺货，20:00 可以空排面（快讯商品除外）
炸类	60℃	1 天	(1) 炸类商品出炉时间为开店前 10 分钟 (2) 炸类商品开门加工基本陈列量 (3) 海产类商品需装饰（用青红辣椒过油后直接点缀） (4) 炸类商品保质期为一天，排面上不得有隔日商品 (5) 炸类商品每日 19:00 以后可以缺货，20:00 可以空排面（快讯商品除外）
卤煮炒、酱类	0～4℃ 或常温	1 天	(1) 卤煮炒、酱类商品陈列需装饰（用红油、青红辣椒、姜片、葱段过油直接点缀） (2) 卤煮炒、酱类商品每隔 3 小时需翻动商品 1 次，保持商品的色泽 (3) 卤煮炒、酱类商品每日 19:00 以后可以缺货，20:00 可以空排面（快讯商品除外）

7.1.6 促销商品陈列规范

(1) 促销安排：每个商品分类至少有一个促销并有正确对应的促销牌。

(2) 促销商品要集中陈列，以突出促销的气氛。

7.2 烟酒饮料的陈列

7.2.1 碳酸饮料

碳酸饮料按口味划分有可乐味、柠檬味、橙味及其他口味，可按可乐味、柠檬味、橙味及其他口味来分别陈列。同类同口味同品牌商品要集中陈列，陈列时货架的上层为听装，中间为小塑料瓶装，下层为大塑料瓶装，最底层为整箱陈列。具体如图7-3所示。

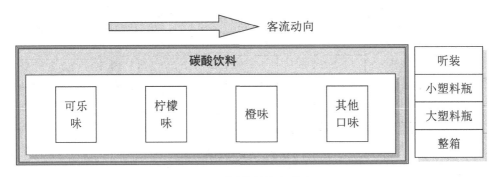

图7-3　碳酸饮料的陈列图示

7.2.2 果汁

果汁有不同的种类，如橙汁、苹果汁、桃汁、山楂汁、葡萄汁及其他口味果汁，每类果汁的含量也有分类。在陈列时，首先应按果汁含量在30%以下的为果汁饮料，含量在30%及以上的为高浓度果汁饮料分别陈列，再按照橙汁、苹果汁、桃汁、山楂汁、葡萄汁及其他口味果汁陈列。同类同口味同品牌的商品要集中陈列，小规格在上，大规格在下，最下层可作为整箱陈列。具体如图7-4所示。

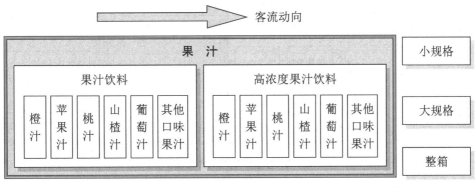

图7-4　果汁的陈列图示

7.2.3 咖啡、乳饮料

该类商品首先应按照液体咖啡、乳饮料、奶茶及植物蛋白饮料来分别陈列，同时，同类商品品牌要集中陈列。陈列时，听装及利乐装饮料排在上层货架，瓶装在下层货架，最下层货架为整箱陈列。具体如图7-5所示。

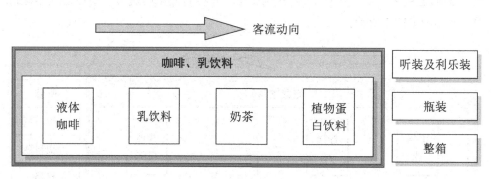

图7-5 咖啡、乳饮料的陈列图示

7.2.4 功能性饮料

功能性饮料可分为醋饮料、健康饮料及运动饮料，陈列时可按醋饮料、健康饮料及运动饮料的顺序分别摆放，同时，要将同类商品的同品牌集中陈列。陈列时，小规格在上，大规格在下，最下层可整箱陈列。具体如图7-6所示。

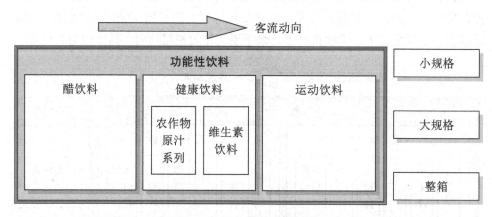

图7-6 功能性饮料的陈列图示

7.2.5 茶饮料

茶饮料按口味分为红茶、绿茶及其他口味茶三类陈列，同口味商品品牌要集中陈列，小规格在货架上层，大规格在货架下层，最下层货架可整箱陈列。具体如图7-7所示。

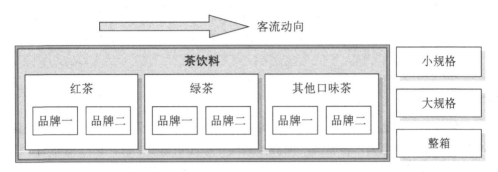

图7-7 茶饮料的陈列图示

7.2.6 水

水的品牌有许多，在对水进行陈列时首先要按水的品牌来分类。各品牌的水集中陈列，小规格在上，大规格在下，最下两层可作为整箱陈列，如图7-8所示。

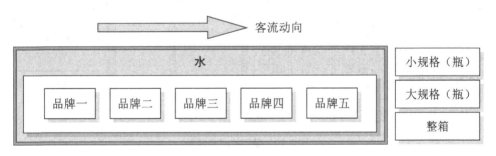

图7-8 水的陈列图示

7.2.7 啤酒

啤酒有国产和进口之分，也有品牌之分，还有包装之分，陈列时首先要将国产啤酒和进口啤酒分开，相同包装商品的同品牌要集中陈列，再分别按照听装、瓶装及桶装陈列，即小规格在上层货架，大规格在下层货架，最下层货架可整箱陈列。具体如图7-9所示。

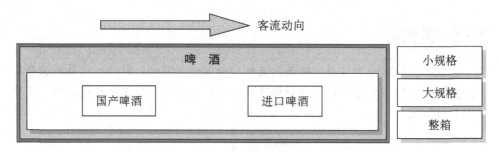

图7-9 啤酒的陈列图示

7.2.8 果酒

果酒有不同的分类,在陈列时,可先将果酒分为国产果酒、国产气泡酒及国产果酒礼盒三类陈列,再将国产果酒按照国产干红葡萄酒、国产桃红葡萄酒、国产普通葡萄酒、国产干白葡萄酒及其他国产果酒顺序陈列。同类商品品牌相对集中陈列,小规格在上层货架,大规格在下层货架,部分畅销商品可在最下层货架做整箱陈列。具体如图7-10所示。

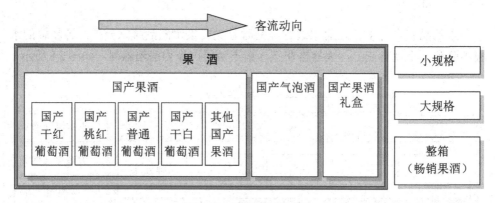

图7-10 果酒的陈列图示

7.2.9 烈酒

烈酒可按精装、简装等来分类。在陈列烈酒时可先按照包装即普通国产烈酒和国产烈酒礼盒分别陈列,在普通国产烈酒中再按照米酒、药用补酒、简装国产烈酒和精装国产烈酒陈列。同类酒品牌要集中陈列,按价格由低到高的顺序陈列,国产名酒可在精品柜中陈列。具体如图7-11所示。

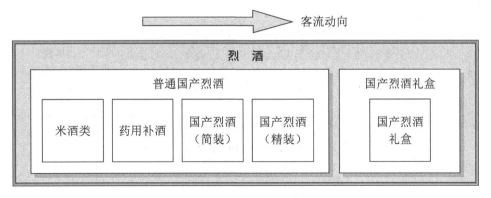

图7-11 烈酒的陈列图示

7.2.10 进口酒

进口酒通常会陈列在烟酒精品柜内,如果精品柜面积不足,可安排在精品柜对面的货架上陈列。顺序主要按照进口烈酒、进口果酒、进口气泡酒及进口酒礼盒来分别陈列,在每类商品中再按照价格由低到高的顺序陈列。具体如图7-12所示。

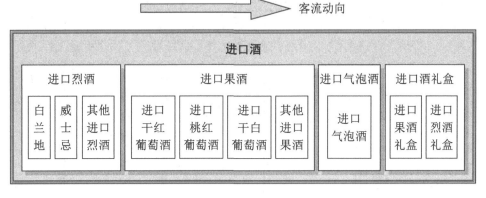

图7-12 进口酒的陈列图示

7.2.11 香烟

香烟有产地之别,有进口国产之别,也有包装之别。在陈列时先按国产烟、进口烟和吸烟用具分别陈列,香烟再按照价格从低到高的次序陈列;有单盒售卖的商店,单盒在上,整条在下。具体如图7-13所示。

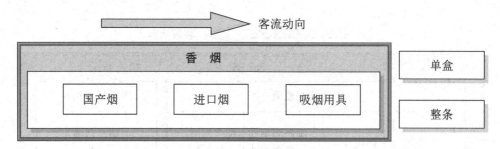

图7-13　香烟的陈列图示

7.3 休闲食品的陈列

7.3.1 膨化食品

膨化食品有品类之别、包装之别、品牌之别、规格之别，陈列时先将膨化食品分为薯片、海苔、膨化、米制品、礼包五部分来分别摆放。在薯片类中将桶装和袋装分开陈列，然后按照同品牌的集中陈列。小规格的摆放在上层货架，大规格的摆放在下层货架，具体如图7-14所示。

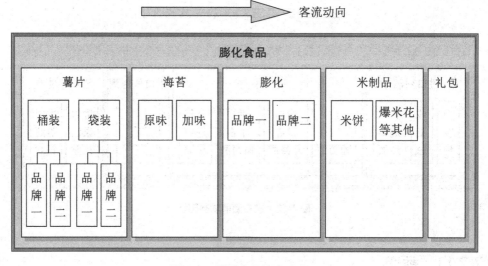

图7-14　膨化食品的陈列图示

7.3.2 肉干肉松

肉干肉松有品类之别、包装之别、品牌之别，陈列时先按照肉松、肉干、鱼片、鱼丝、其他海产品及休闲小食品五个部分分别摆放。在肉干品类中按照包装（独立包装和片装）分别陈列。每类商品按照上述陈列后再按照品牌做集中陈列，具体如图7-15所示。

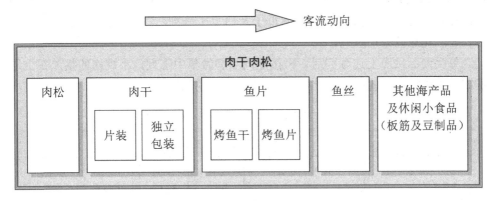

图7-15 肉干肉松的陈列图示

7.3.3 蜜饯

蜜饯有品类之别、包装之别、规格之别，陈列时先按照山楂类、枣类、梅/果脯类及其他蜜饯分别摆放。在山楂类中再按照山楂片、山楂卷及其他山楂制品陈列。枣类按照蜜枣和红枣分别陈列。梅/果脯类先将瓶装商品独立陈列，再将袋装的梅类、葡萄干、果脯、脱水水果及薯干片分别陈列。每类商品按照上述陈列后再按照品牌做集中陈列，小规格的摆放在上层货架，大规格的摆放在下层货架。具体如图7-16所示。

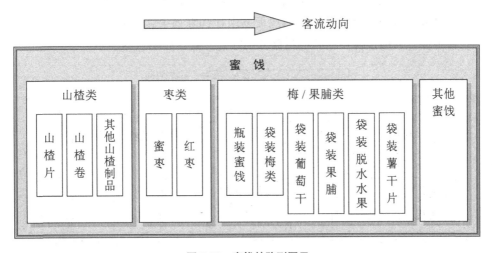

图7-16 蜜饯的陈列图示

7.3.4 核果及其他

核果有很多大类，大类中又分许多细类，在陈列时，要先按照大类（瓜子、花生/豆类、腰果/杏仁、核桃/桃仁、松子/开心果及榛子等）分别陈列。接下来，在瓜子品类中按照葵花子、黑瓜子及白瓜子陈列，花生/豆类按照花生、花生仁、兰花豆等分别陈列。

每类商品按照上述陈列后，再按照同品牌做集中陈列，小规格的摆放在上层货架，大规格的摆放在下层货架。具体如图7-17所示。

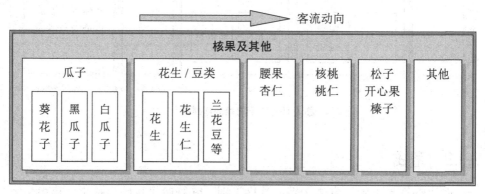

图7-17　核果及其他的陈列图示

7.3.5 糖果

糖果有不同种类，不同种类中又有不同的品牌，还有不同的规格（包装）。在陈列时，应先按照分类（即口香糖、特殊糖果、软糖、夹心糖、奶糖、硬糖及礼包礼盒等）分别陈列，每类商品按照上述陈列后，再按照品牌做集中陈列。口香糖按照同品牌集中陈列后，上面层板采用挂钩陈列条装口香糖，下面层板展示瓶装口香糖。软糖按橡皮糖和棉花糖分别陈列。具体如图7-18所示。

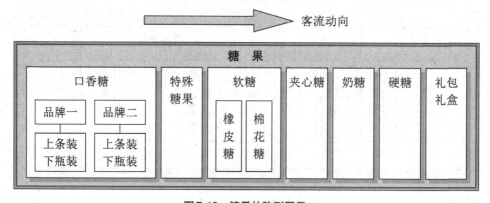

图7-18　糖果的陈列图示

7.3.6 果冻

果冻也有不同的包装、不同的规格、不同的品牌，陈列时可以先按包装分为吸吸果冻、杯碗装果冻、袋装果冻和果冻礼包四类陈列，每类包装再按照品牌做集中陈列，小规格的摆放在上层货架，大规格的摆放在下层货架。具体如图7-19所示。

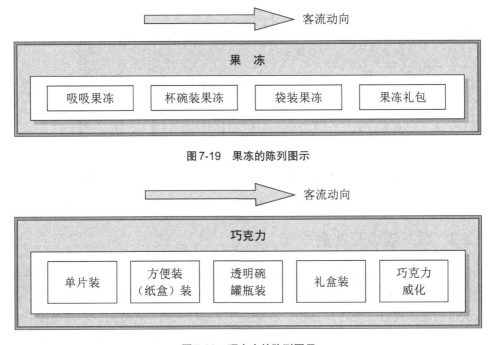

图7-19 果冻的陈列图示

图7-20 巧克力的陈列图示

7.3.7 巧克力

巧克力有不同的包装、不同的规格、不同的品牌，陈列时可以先按包装，即单片装、方便袋（纸盒）装、透明碗罐瓶装、礼盒装及巧克力威化五个部分，分别陈列。按照上述陈列后，再按照品牌做集中陈列，小规格的摆放在上层货架，大规格的摆放在下层货架，具体如图7-20所示，其陈列效果如图7-21所示。

图7-21 巧克力陈列效果图

7.3.8 饼干

饼干的品牌非常多，品牌内又有不同类的产品，还有不同的包装。在陈列时，首先将知名品牌的饼干按照品牌的销量顺序来摆放，品牌内再分为薄片饼干、夹心饼干、曲奇饼干等，后面再陈列普通品牌饼干、儿童饼干及家庭盒装饼干等。单包装饼干摆放在上层货架，连包装饼干摆放在下层货架。具体如图7-22所示。

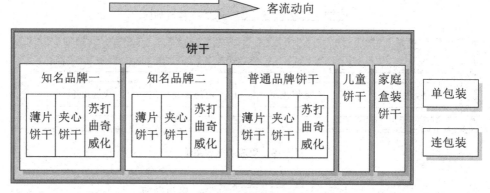

图7-22 饼干的陈列图示

7.3.9 派、糕点及礼盒

派、糕点及礼盒的陈列首先应按类别分为派、糕点、蛋酥卷及礼盒类来摆放。在派的陈列中再按照不同包装，即盒装派、袋装派及蛋糕类等分别陈列。盒装派再按照不同口味即巧克力派、蛋黄派及其他口味派分别陈列。小规格摆放在上层货架，大规格摆放在下层货架，同口味商品相对集中陈列。其他品类则按照规格分别陈列。具体如图7-23所示。

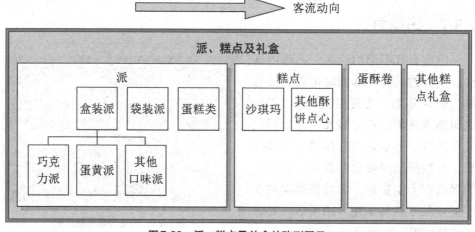

图7-23 派、糕点及礼盒的陈列图示

7.3.10 进口食品

进口食品的种类很多，陈列时可按类别（即进口副食调料类、进口小食品类、进口饮料类）集中陈列，小规格摆放在上层货架，大规格摆放在下层货架，相同类别、相同规格的商品应集中陈列。具体如图7-24所示。

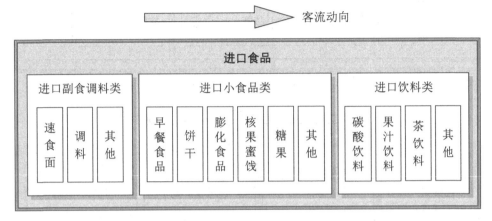

图7-24　进口食品的陈列图示

7.4　冲调饮品的陈列

7.4.1　酸乳

酸乳有包装之分，也有品牌之分。酸乳在陈列时首先按照包装不同，将陈列较整齐的包装放在风幕柜客流方向首位，即上层多杯下层多袋或桶装，上层单杯下层单袋或单瓶，然后是乳酸饮料。在相同包装陈列时，按照品牌集中陈列。最后是屋形奶的陈列，相同包装小规格在上，大规格在下。如果风幕柜的面积充裕，可以将乳酸饮料陈列在风幕柜中，陈列时可以按照排装奶、瓶装奶、利乐砖奶的顺序摆放，同包装的酸乳要按照同品牌集中陈列。具体如图7-25所示。

7.4.2　鲜牛羊奶

鲜牛羊奶在包装方面有百利包、利乐枕、利乐砖之分，陈列时先按照百利包、利乐枕、利乐砖的顺序摆放，相同包装品牌要集中陈列。无论是在风幕柜还是在正常货架上陈列，百利包和利乐枕都要放在亚克力盒内。同时，为方便顾客整箱购买，在货架的最下层对应陈列整箱的鲜牛羊奶。具体如图7-26所示。

图 7-25 酸乳的陈列图示

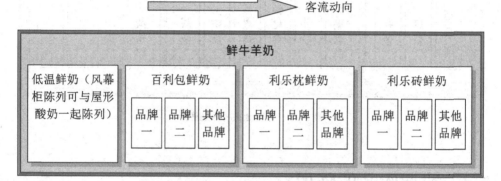

图 7-26 鲜牛羊奶的陈列图示

7.4.3 奶制品及鲜果汁

　　奶制品及鲜果汁的档次比较高，陈列须整齐美观，陈列时可安排在风幕柜客流方向的第一位置，按照奶酪、奶油、黄油、果泥、鲜果汁、龟苓膏的顺序摆放，同类商品同品牌的要集中陈列，小规格在上，大规格在下。由于该类商品的销量较低，应尽量降低库存，为使陈列展示丰满，可在风幕柜上四层采用梯形架。具体如图 7-27 所示。

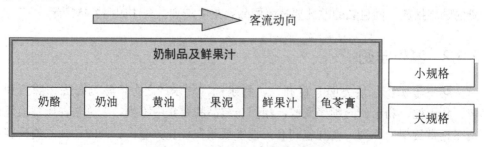

图 7-27 奶制品及鲜果汁的陈列图示

7.4.4 茶

茶有包装之分,也有产品之别,还有口味之别。排列时先按照茶包、保健茶、传统茶及茶礼盒的顺序摆放,在茶包和传统茶的陈列中再按照红茶、绿茶、花茶、其他口味茶陈列。小规格在上,大规格在下。具体如图7-28所示。

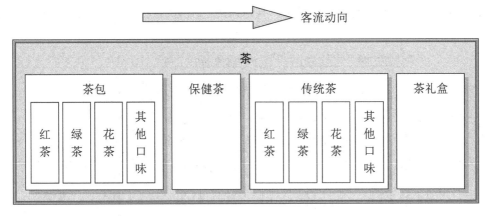

图7-28 茶的陈列图示

7.4.5 咖啡及伴侣

咖啡及伴侣有不同的分类,首先应按照咖啡、冰咖啡、咖啡豆、咖啡伴侣、方糖和咖啡礼盒的顺序陈列。每类咖啡和咖啡豆再按照其包装将瓶装和盒装分别陈列,在瓶装和盒装商品中再将同品牌集中陈列,小规格在上,大规格在下。具体如图7-29所示。

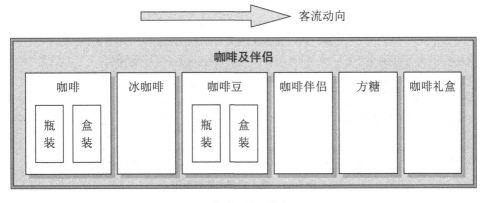

图7-29 咖啡及伴侣的陈列图示

7.4.6 婴幼儿食品

婴幼儿食品的种类非常多，排列时先按照婴儿食品（果泥、果汁）、婴幼儿米粉、婴儿奶粉及儿童奶粉的顺序来摆放。对于婴儿奶粉，再按照一段、二段、三段来分别陈列每个阶段的奶粉，然后再按照销量排名的顺序来陈列。听装摆放在上层货架，袋装摆放在下层货架。具体如图7-30所示。

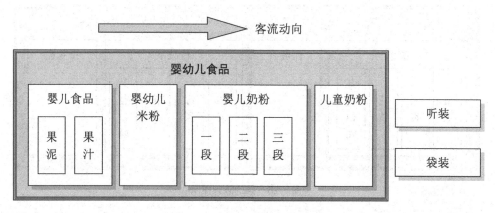

图7-30 婴幼儿食品的陈列图示

7.4.7 成人奶粉

成人奶粉分为速溶奶粉和孕妇奶粉两类，陈列时先按类别来陈列，每类商品再按照同品牌集中陈列，听装摆放在上层货架，袋装摆放在下层货架。具体如图7-31所示。

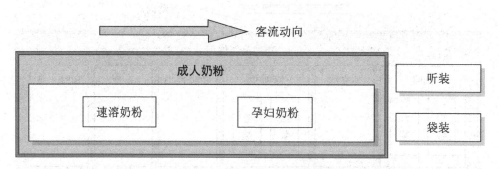

图7-31 成人奶粉的陈列图示

7.4.8 冲调粥粉

冲调粥粉的大类有麦片粥粉、速溶饮品及葡萄糖等。陈列时先按大类陈列，麦片粥粉再按照子类，即麦片粥粉按早餐麦片、芝麻糊、豆奶粉、藕粉、羹类、核桃粉、其他营养粉及礼盒等分别陈列，速溶饮品按照果味、巧克力、奶茶、冰茶饮品等分别陈列，同类商品品牌应集中陈列。具体如图7-32所示。

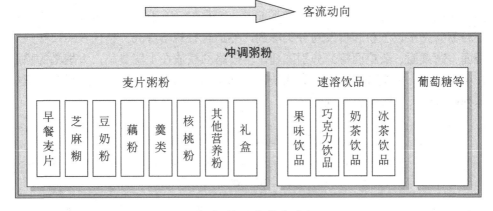

图7-32 冲调粥粉的陈列图示

7.4.9 保健营养品

保健营养品有一般性滋补品、功能性保健品、OTC（非处方）药品、糖尿病人食品等，可按这四类设专柜，再按商品品牌来集中陈列。对于称重的营养品，则要有展柜陈列，最好要求有厂家的促销人员来管理。具体如图7-33所示。

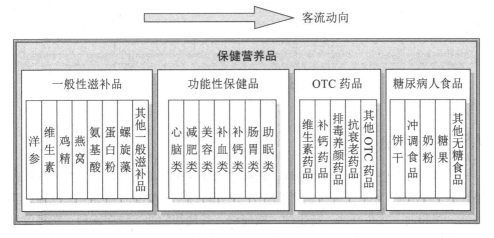

图7-33 保健营养品的陈列图示

7.5 粮食、调味品及干杂货的陈列

7.5.1 粮食

粮食的种类有许多，规格、包装也多样。陈列时先按分类（即米、面、挂面、杂粮）进行陈列，米、面再按照规格（5千克、10千克等）陈列，其中特殊面粉需要先按饺子粉和自发粉分类陈列，然后再按规格陈列。挂面按照口味（鸡蛋面、蔬菜面、杂粮面等）分别陈列，小规格的摆放在上层货架，大规格的摆放在下层货架。杂粮按照豆类和其他杂粮分别陈列。米、面平地陈列遵循粮食货架陈列的原则。具体如图7-34所示。

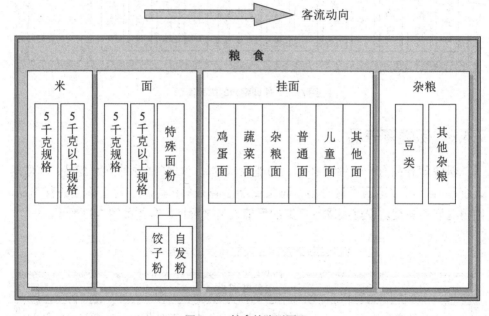

图7-34 粮食的陈列图示

7.5.2 烹调油

烹调油种类繁多，规格也多样。陈列烹调油应选择重型货架，陈列时先按规格，即4升以下、4升以上（包含4升），分别陈列，再按油的种类（大豆油、菜籽油、调和油、葵花籽油、花生油、橄榄油、其他植物油）依序陈列。在每类油种的陈列中，同品牌集中陈列。具体如图7-35所示。

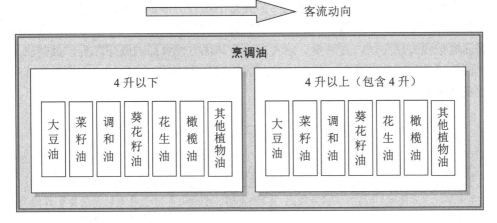

图7-35 烹调油的陈列图示

7.5.3 袋装快餐面

袋装快餐面种类繁多,包装分为连包、单包。在袋装方便面的陈列中,先将连包和单包分开陈列。在连包陈列中按照同品牌集中陈列的原则来摆放,每个品牌中再按照口味顺序(牛肉、海鲜、鸡肉及其他口味)摆放,在陈列时要兼顾色块差异。具体如图7-36所示。

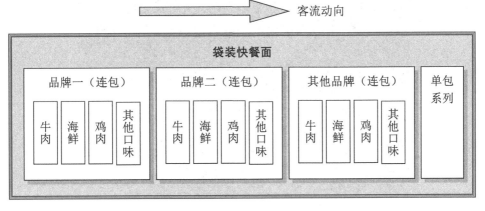

图7-36 袋装快餐面的陈列图示

7.5.4 杯碗快餐面

杯碗快餐面有品类之分(方便面、其他快餐面),也有口味(牛肉、海鲜、鸡肉及其他口味)和规格之分。在杯碗快餐面的陈列中,先将方便面和其他快餐面分开陈列。在杯碗方便面中按照同品牌集中陈列的原则摆放，每个品牌中再按照口味顺序陈列，小规格的摆放在上层货架，大规格的摆放在下层货架。其他快餐面则按照方便粉丝、速食粥、速食米饭及其他方便食品的顺序陈列，每类商品中同品牌的相对集中陈列。杯碗快餐面的陈列具体如图7-37所示，方便面的陈列效果如图7-38所示。

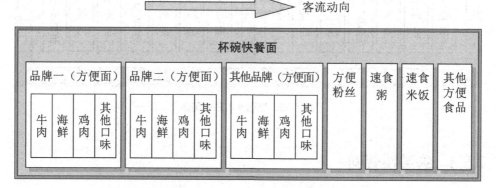

图7-37　杯碗快餐面的陈列图示

图7-38　方便面陈列效果图

7.5.5　调味料

调味料的种类繁多，品牌多，规格也多。陈列时，先按盐、糖、调理粉、味精、鸡精/粉、烹饪调料、调味干货及汤料的顺序分类摆放，门店可按照货架资源对每类商品的陈列顺序做一些小的调整,尽量不要拆类陈列。在每类商品中再按照同品牌的集中陈列,小规格的摆放在上层货架,大规格的摆放在下层货架。具体如图7-39所示。

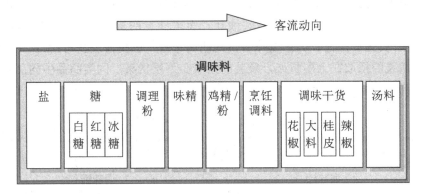

图7-39 调味料的陈列图示

7.5.6 酱油、醋

酱油、醋种类多、规格不一样,陈列时,先分别按照包装分为袋装、瓶装和桶装,依顺序陈列,袋装商品陈列在货架下两层。瓶装及桶装酱油再按照普通酱油、生抽、老抽及功能性酱油陈列,瓶装及桶装醋按照陈醋、米醋、香醋、熏醋、白醋、保健醋、饺子醋及调味醋顺序陈列。同类商品中同品牌的要集中陈列。具体如图7-40所示。

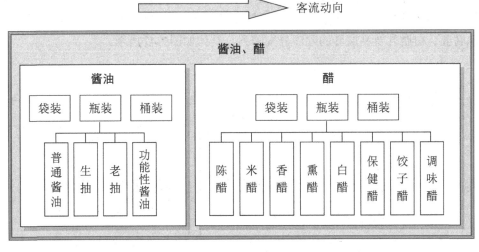

图7-40 酱油、醋的陈列图示

7.5.7 调味酱/汁

调味酱/汁也是种类繁多，有的是瓶装，有的是袋装。陈列时先将调味酱、调味汁分别陈列。调味汁再按照调味酒、食用调味油（香油、花椒油、芥末油和虾油）及其他调味汁（鲍鱼汁、蚝油汁、卤水汁）的顺序陈列。调味酱按照麻酱、面酱/黄酱、辣酱、火锅调味酱、其他调味酱、色拉酱及沙司/番茄酱的顺序陈列。瓶装的摆放在上层货架，袋装的摆放在下层货架，同类商品中同品牌的要集中陈列。具体如图7-41所示。

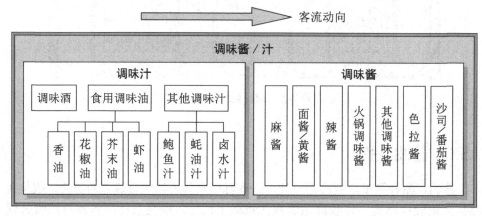

图7-41　调味酱/汁的陈列图示

7.5.8 酱菜和豆腐乳

陈列酱菜时，先按照包装（瓶装和袋装）分别摆放，瓶装的摆放在上层货架，袋装的摆放在下层货架，然后再按照具体类别集中陈列。腐乳按照红腐乳、辣腐乳、白腐乳及臭腐乳的顺序分别陈列。具体如图7-42所示。

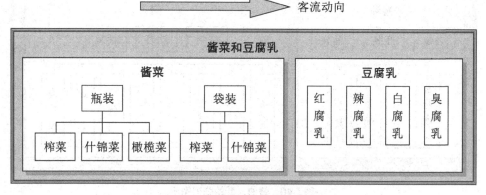

图7-42　酱菜和豆腐乳的陈列图示

7.5.9 罐头食品

罐头食品种类很多，规格也不一样。陈列时，先按照分类，依水果罐头、蔬菜罐头、水产罐头、肉罐头及甜豆罐头的顺序分别陈列，在每类罐头中再按照不同口味分别陈列，同类同口味商品中可按照同品牌集中陈列，小规格的摆放在上层货架，大规格的摆放在下层货架。具体如图7-43所示。

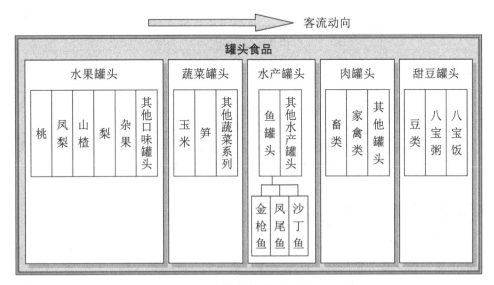

图7-43　罐头食品的陈列图示

7.5.10 佐餐酱汁

佐餐酱汁可分为果酱、其他早餐酱及蜂蜜等，陈列时可按果酱、其他早餐酱及蜂蜜三类摆放。在果酱中按品牌或销量的顺序来陈列。其他早餐酱可分为巧克力酱、花生酱及炼乳。蜂蜜可分为成人蜂蜜、儿童蜂蜜及秋梨膏。同品类再按照同品牌集中陈列。具体如图7-44所示。

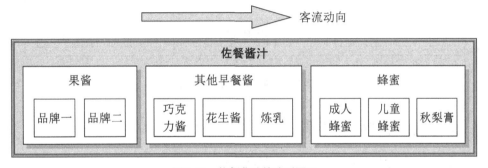

图7-44　佐餐酱汁的陈列图示

7.5.11　中式快餐火腿肠

中式快餐火腿肠有原料之别、包装之别，可先按照禽类、畜产类、水产类分别陈列，相同口味同品牌的要集中陈列，小规格在上，大规格在下。如果风幕柜面积小，则可在正常货架上陈列。具体如图7-45所示。

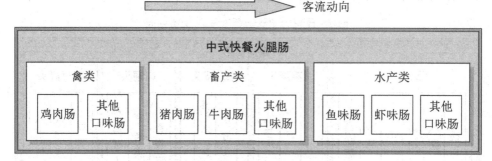

图7-45　中式快餐火腿肠的陈列图示

7.5.12　火腿/西式肠

火腿/西式肠有低温火腿与西式肠之分，也有包装之别、规格之别。首先将低温火腿与西式肠分别陈列，低温火腿按照包装（圆棒装火腿、方火腿、片装火腿、其他包装火腿）的顺序陈列，相同包装同品牌的要集中陈列，小规格在上层，大规格在下层。所有西式肠顺向陈列在风幕柜最下层，规格由小到大排列。日配商品通常可每天送货，所以要尽量降低库存，但为了展示陈列丰满，最好在风幕柜上四层采用梯形架。具体如图7-46所示。

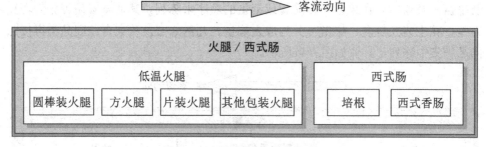

图7-46　火腿/西式肠的陈列图示

7.5.13　加工制品及酱菜

加工制品及酱菜多为彩袋不规则包装商品，陈列时应按照禽类、畜产类、海产品及其他（包括即食海蜇丝、海带丝及一些需低温储存的酱菜等）、冷藏面食、豆制品的顺序陈列，同类商品同品牌应集中陈列，小规格在上，大规格在下。具体如图7-47所示。

图7-47　加工制品及酱菜的陈列图示

7.5.14　干杂货

干杂货品类非常多，规格也不一样，在陈列时，首先要将商品分类，即分为香菇、木耳、银耳、腐竹、粉丝、其他副食干货、炖品补货及海干货，再按分类依次摆放。在炖品补货中再按照红枣、桂圆、枸杞、百合、莲子分类陈列，海干货再分为虾干、虾皮、紫菜、海带等分别陈列。在每类商品中，同品牌的相对集中陈列，小规格的摆放在上层货架，大规格的摆放在下层货架。如果有盒装的商品，则按照上盒下袋的原则来陈列，具体如图7-48所示。

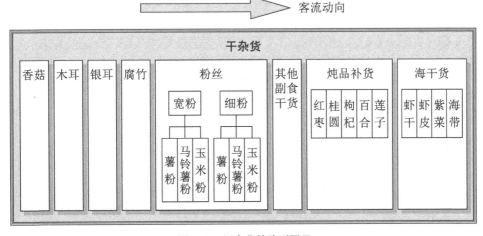

图7-48　干杂货的陈列图示

7.5.15 宠物食品/用品

宠物食品与宠物用品应集中陈列，在宠物食品中可按照狗粮、猫粮及其他宠物食品的顺序陈列，小规格的摆放在上层货架，大规格的摆放在下层货架。宠物用品可以按照清洁用品、护理用品、饰物及笼舍的顺序分别陈列。具体如图7-49所示。

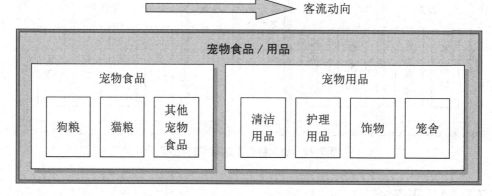

图7-49 宠物食品/用品的陈列图示

第8章
非食品区商品陈列

 导言 ▶▶▶

一般商场（超市）中，非食品卖场的主通路不仅宽度大，而且陈列线也长。非食部分的商品陈列，可从商品的销售占比、商品属性、顾客购买习惯等多方面考虑，还要从各卖场的经营面积、经营品种、现场规划等方面来考虑，灵活调整即可。

8.1 家居用品的陈列

8.1.1 杯子

杯子有不同的材质，有不同的规格，价格也不一样。陈列时，应先按材质，后按功能，再按规格从小到大，以及价格从低到高的原则依次陈列。单只装产品放在上方，整箱装商品放在下方。另外，进口水杯和国产杯要分开陈列。具体如图8-1所示。

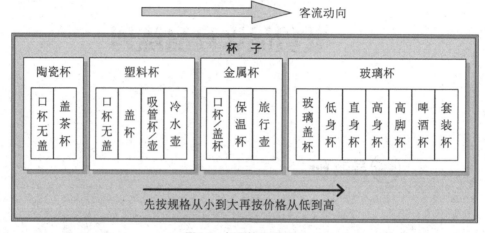

图8-1 杯子的陈列图示

8.1.2 家居器皿

家居器皿有花瓶、果斗/果篮、其他器皿等，其材质和规格也多样。陈列时，应先按家居器皿的功能，再按其材质，后按其款式、规格以及价格从低到高的原则依次陈列。具体如图8-2所示。

8.1.3 餐具类

（1）整体排列布局。餐具种类繁多，有碗、碟、小餐具等，材质不一样，规格不一样，价格也不一样。陈列时，应先按材质，按花色，再按价格从低到高的次序陈列。单bay（两个立柱片加上几层横梁组成的一个货架储存单元，英文叫bay）陈列应依照上层展示碟、中间展示小餐具（勺、吃碟）、下层展示碗的基本原则。具体如图8-3所示。

（2）小餐具。小餐具有筷子、刀、叉、勺等，陈列时先按小餐具的类别摆放，再按材质，后按价格从低到高的顺序依次陈列。具体如图8-4所示。

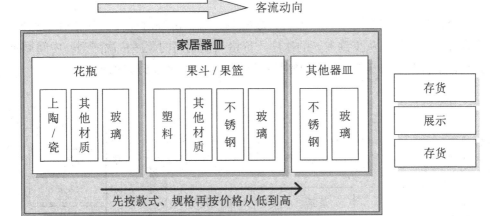

图8-2 家居器皿的陈列图示

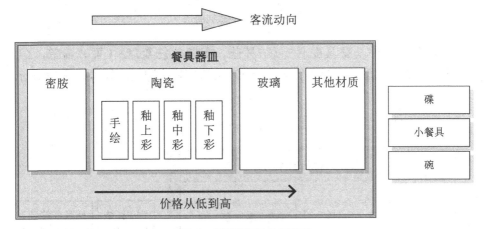

图8-3 餐具器皿的陈列图示

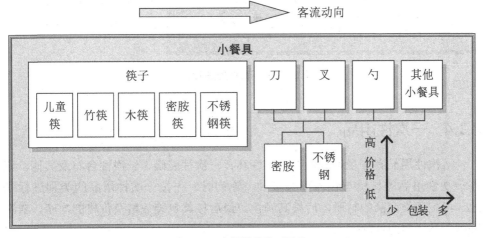

图8-4 小餐具的陈列图示

（3）套具。套具有餐具、茶具、咖啡具之分，陈列时先按大类来分别陈列，然后按包装数量（从少到多）的次序，价格从低到高的顺序依次陈列。中间展示套具，上层下层按一一对应的原则摆放库存。具体如图8-5所示。

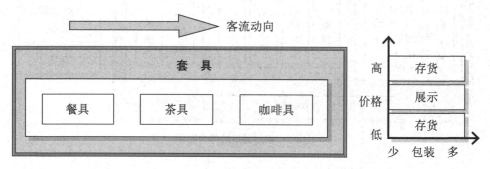

图8-5 套具的陈列图示

（4）餐具配件。餐具配件有锅/杯垫、餐垫、托盘/餐（果）盘等，陈列时，先按大类分别摆放，后按价格从低到高的次序依次陈列。具体如图8-6所示。

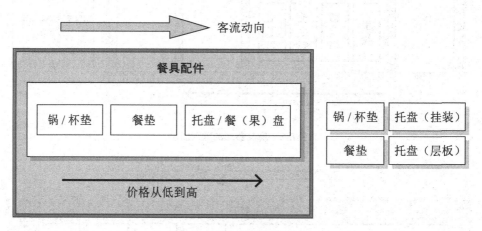

图8-6 餐具配件的陈列图示

8.1.4 一次性用品

一次性用品有许多种类，如一次性杯、一次性碗碟、一次性台布及其他，这些一次性用品的材质与包装也有多种。陈列时，先按一次性用品的类别进行摆放，再按各类商品的材质，后按其颜色，最后按其包装规格及价格的次序，依次陈列。具体如图8-7所示。

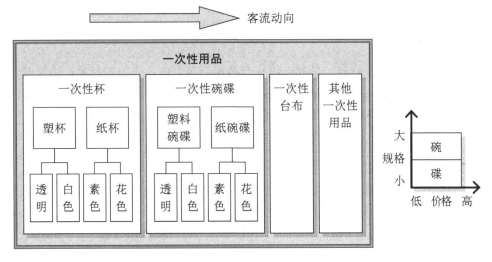

图8-7 一次性用品的陈列图示

8.1.5 炒锅/煎锅

锅有带盖和不带盖之分,还有炒锅、煎锅之分,另外,规格、价格也不一样。陈列时,先按类别(带盖、不带盖),再按功能(炒锅、煎锅),后按规格(从小到大),依照价格从低到高的次序,依次陈列。中层货架展示商品,上层和下层则按一一对应的原则陈列库存。具体如图8-8所示。

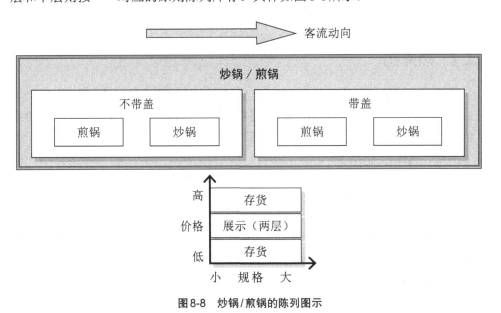

图8-8 炒锅/煎锅的陈列图示

8.1.6 压力锅

压力锅的材质、规格、品牌、价格有多样。陈列时，先按其材质，再按其尺寸，后按品牌，最后按价格从低到高的次序，依次陈列。遵循中间展示、上下层存货一一对应的基本原则来陈列。具体如图8-9所示。

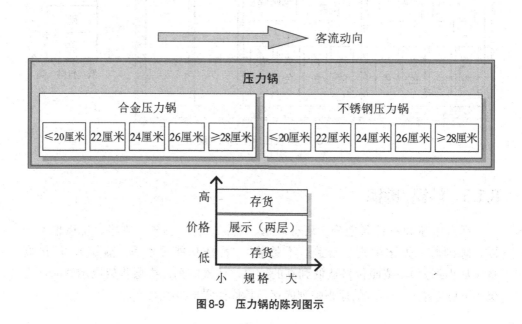

图8-9 压力锅的陈列图示

8.1.7 蒸煮锅

蒸煮锅的功能、材质、规格/尺寸、价格有多样。陈列时，先按功能（奶锅、炖/汤锅、蒸锅、套装锅、炖锅/煲），再按材质，后按规格/尺寸，最后按照价格从低到高的次序，依次陈列。陈列时遵循中间展示商品、上下层存货一一对应的基本原则。具体如图8-10所示。

8.1.8 水壶/保温瓶桶

水壶/保温瓶桶的功能、容积/规格、价格有多样。陈列时，应先按功能（水壶、暖水瓶桶），再按材质（铝壶、不锈钢壶、塑料等），后按容积/规格，最后按照价格从低到高的次序，在bay或地台依次陈列。具体如图8-11所示。

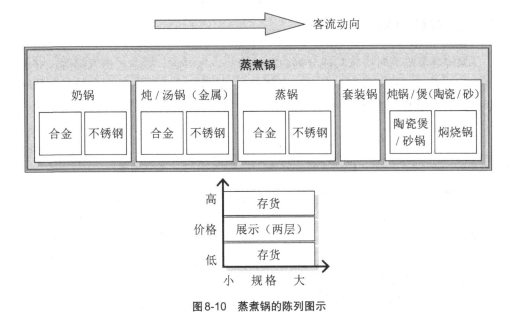

图8-10 蒸煮锅的陈列图示

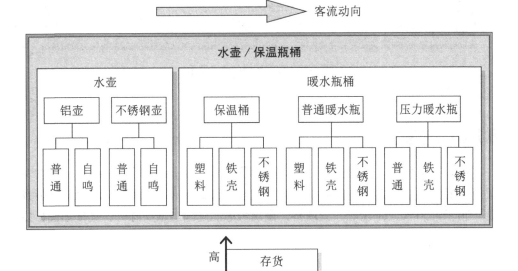

图8-11 水壶/保温瓶桶的陈列图示

8.1.9 保鲜容器

保鲜容器陈列时应按功能分为微波炉用品、保鲜盒、饭盒、密气罐等,并依序摆放,再按材质(塑料、玻璃、金属等),最后依照价格从低到高的原则依次陈列。具体如图8-12所示。

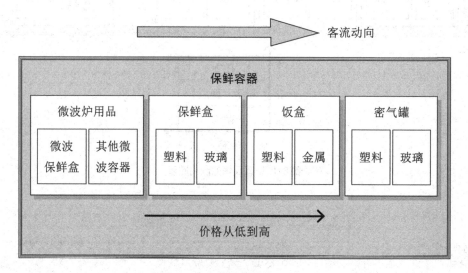

图8-12 保鲜容器的陈列图示

8.1.10 包装物

包装物陈列时,应先按功能用途分为保鲜膜、铝箔/锡纸、保鲜袋、冷食保温袋、密食袋等几大类,再按各类商品的规格(20厘米、30厘米),后按包装数量(20米、30米、60米等)或规格,最后考虑品牌因素依次陈列。具体如图8-13所示。

8.1.11 刀具

刀具陈列时,应先按功能分为厨用剪刀、水果刀、厨用刀、套刀,并依序确定摆放位置,再按规格从小到大,价格从低到高,中层展示商品,上下层按一一对应存货的原则陈列。具体如图8-14所示。

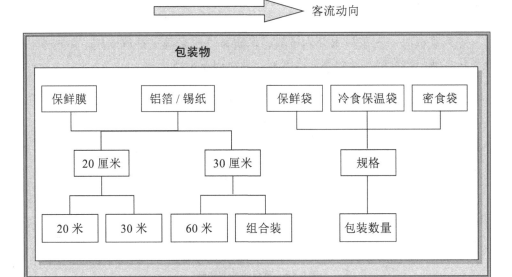

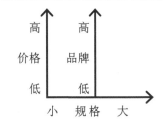

图8-13 包装物的陈列图示

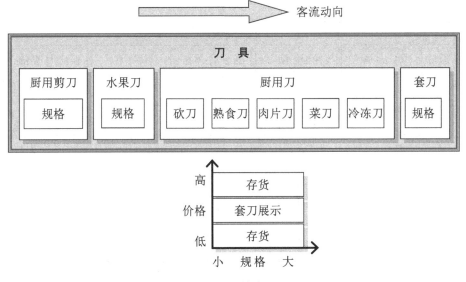

图8-14 刀具的陈列图示

8.1.12 菜板

陈列菜板时，先按材质分为塑料、木质、竹质来确定摆放顺序，后按规格/外形从大到小，价格从低到高依次陈列。具体如图8-15所示。

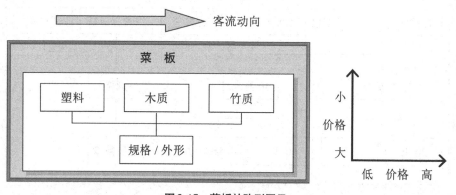

图8-15 菜板的陈列图示

8.1.13 厨房器具

厨房器具种类繁多，陈列时先按类别（汤勺、铲、漏勺、搅拌器、刨刀/削皮器、漏斗、冰格、调味盒、筷笼、菜筛），后按规格及价格从低到高的原则，依次陈列。挂件部分应与厨房设备一起陈列，层板部分应尽量与保鲜容器一起陈列，调味盒按格数，由少到多从下到上陈列。具体如图8-16所示。

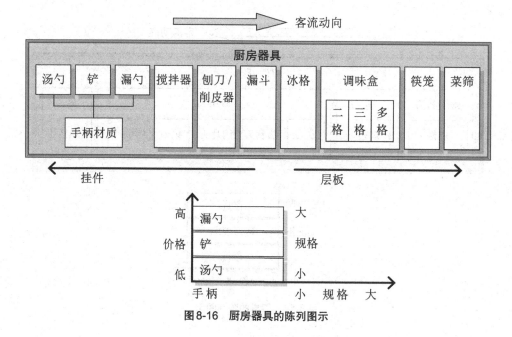

图8-16 厨房器具的陈列图示

8.1.14 厨房设备/酒类收藏器具

厨房设备/酒类收藏器具有许多，在陈列时，可以先按类别（粘钩、水槽附件、温度计、量具、灶具、夹具、冰箱贴、置物架/酒类收藏架、酒塞、开瓶器等），再按功能及款式，最后按价格从低到高依次陈列。挂件尽量与厨房器具陈列在一起。具体如图8-17所示。

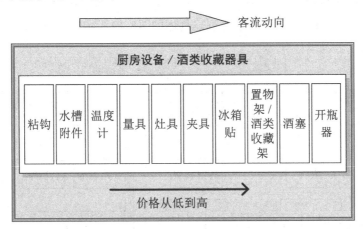

图8-17 厨房设备/酒类收藏器具的陈列图示

8.1.15 垃圾袋/桶

陈列垃圾袋/桶时，应先按功能（垃圾袋、垃圾桶），后按类别（垃圾袋、台筒、纸篓、翻盖垃圾桶、脚踏式垃圾桶），再按照规格、外形，最后按价格从低到高的原则，依次陈列。具体如图8-18所示。

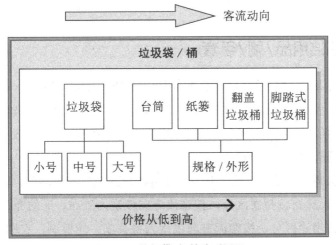

图8-18 垃圾袋/桶的陈列图示

8.1.16 水桶/盆

陈列水桶/盆时，应按功能（盆、水桶）进行陈列。其中，盆先按材质（塑料、其他材质），再按外形（圆形、方形），依照规格及价格从低到高的原则依次陈列。盆和水桶倒放，以口径面对顾客，按客流动向依次为透明盆、普通盆、豪华盆、防滑盆、无盖桶、有盖桶、拧干桶；最低价位的放在货架底部，其他单品按规格从小到大的顺序从上到下陈列。具体如图8-19所示。

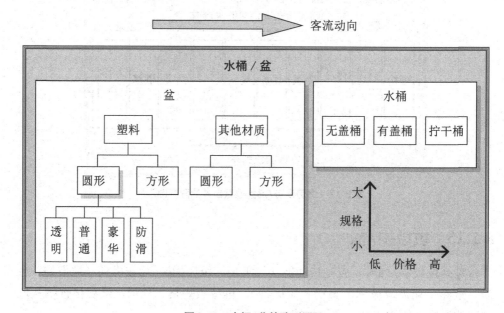

图8-19　水桶/盆的陈列图示

8.1.17 清洁用品/刷/手套

陈列清洁用品/刷/手套时，先按类别（手套、抹布、海绵、双面洗、百洁布、钢丝球、餐具刷、地板刷、衣刷、多用刷、其他刷、擦玻璃器），后按材质（如纱布、无纺布、木浆、其他材质）、特征（如灵巧型、耐久型、多用型），依照价格从低到高的原则依次陈列。

手套按从高档到低档、从上到下，按客流动向依次为灵巧型、耐久型、多用型（三只装）。抹布按材质区分，按客流方向依次为纱布、无纺布、木浆和其他材质。刷子按用途区分，按客流方向依次为餐具刷、地板刷、衣刷、多用刷等。具体如图8-20所示。

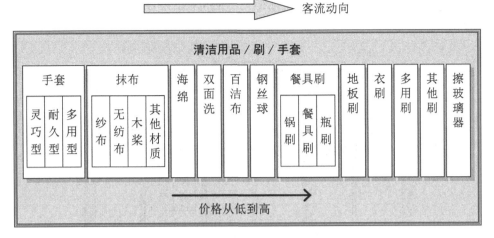

图 8-20 清洁用品/刷/手套的陈列图示

8.1.18 扫帚

陈列扫帚时,应按客流动向依次陈列室内扫帚、室外扫帚、簸箕/垃圾铲、套装扫帚连铲。垃圾铲按上大下小的原则陈列,扫帚摆放在上层货架,套装摆放在下层货架。具体如图 8-21 所示。

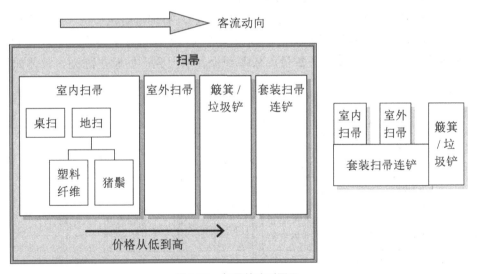

图 8-21 扫帚的陈列图示

8.1.19 地拖

地拖种类也非常多,陈列时要按客流动向,依次按棉线(纱)拖把、无纺布拖把、自拧干拖把、胶棉拖把、平地拖把、拖布头的顺序来陈列。具体如图8-22所示。

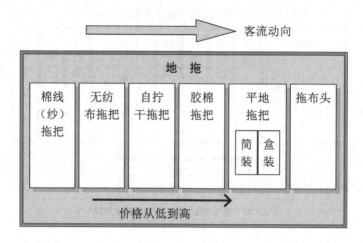

图8-22 地拖的陈列图示

8.1.20 衣架

陈列衣架时，应先按功能（如衣架、晒架、夹子、晾衣竿、晾衣绳、大型晾衣架），再按材质（如塑料、金属、木质及其他），后按规格或形状（如圆形、方形等），最后依照价格从低到高的原则依次陈列。单个装在套装之上，木衣架棕色在白色之上。晒架按夹子数量，从多到少、从上到下的顺序陈列。具体如图8-23所示。

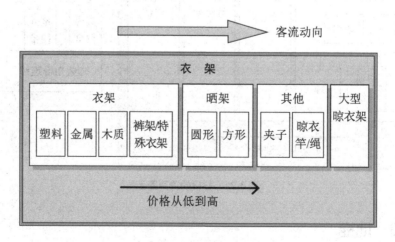

图8-23 衣架的陈列图示

8.1.21 熨衣板

陈列熨衣板时，先按熨衣板的规格（小号、中号、大号），再按表面材质（花布、银布），最后依照价格从低到高的原则依次陈列后，再陈列熨衣板配件。具体如图8-24所示。

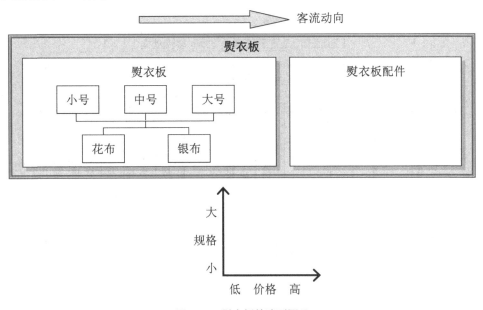

图8-24 熨衣板的陈列图示

8.1.22 整理箱/抽屉柜

整理箱应沿客流动向依次陈列滑轮整理箱、普通整理箱，再按从小到大的顺序进行陈列。在货架中部加层板来陈列样品，与样品对应的下层放盖子和箱体。抽屉柜沿客流动向按小型抽屉柜、单层、双层、三层、四层、五层抽屉柜的顺序依次陈列。具体如图8-25所示。

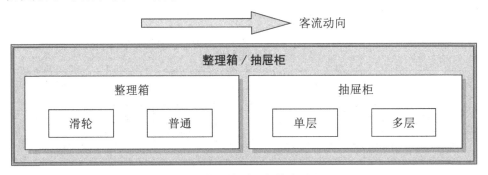

图8-25 整理箱/抽屉柜的陈列图示

8.1.23 洗衣/置放用品

洗衣/置放用品种类繁多，应沿客流动向，先按品类（真空袋、整理袋、衣罩、洗衣篮、洗衣板、洗衣袋、樟脑、芳香片、防潮/除味用品），后按材质（如塑料、木质）或功能（如防潮、除味），再按规格从小到大，最后按价格从低到高的顺序陈列。具体如图8-26所示。

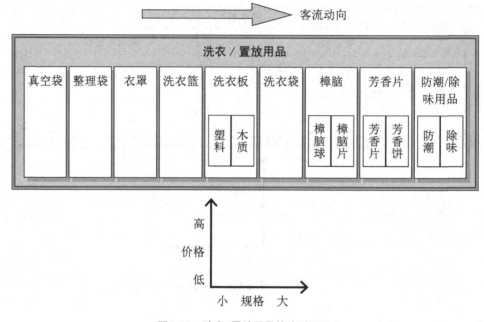

图8-26 洗衣/置放用品的陈列图示

8.1.24 卫生间配件

卫生间配件有许多，在陈列时，应按客流动向依次陈列马桶盖、马桶座套、疏通工具、马桶刷、痰盂等，在各品类中再按材质（如塑料、木质）或放置的方式（如挂式、立式）依序陈列。具体如图8-27所示。

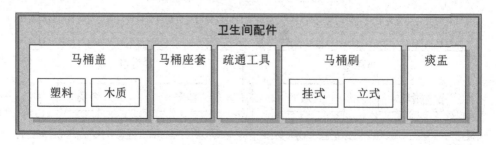

图8-27 卫生间配件的陈列图示

8.1.25 浴室配件

浴室配件陈列时应与卫生间配件衔接，沿客流动向，依次以卷纸架/纸巾盒、皂盒、浴帘/浴帘杆、龙头/花洒、沐浴用品及配件、浴室垫/防滑垫、浴室用镜子、人体秤和层架/柜为顺序，再按规格从大到小，最后按价格从低到高的顺序陈列。层架上部陈列商品的样品，下部一一对应放置库存品。具体如图8-28所示。

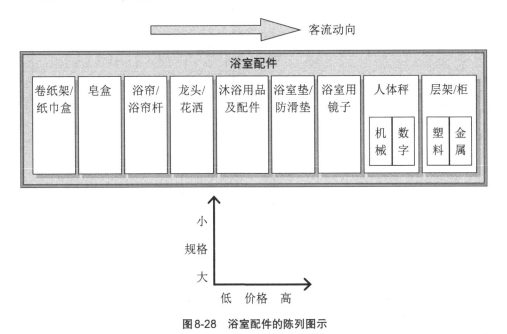

图8-28 浴室配件的陈列图示

8.2 家庭用具商品的陈列

8.2.1 灯具

陈列灯具时，沿客流动向，依次按功能分为学习灯（桌灯/台灯、护眼灯）、装饰灯（顶灯、工艺灯、落地灯等），再按规格从小到大，价格从低到高的顺序依次陈列。落地灯尽量陈列在专用货架上，所有样品和库存最好用数字标出并做到一一对应。具体如图8-29所示。

8.2.2 地毯/地垫

地毯/地垫应先按功能（室内垫、室外垫、挂毯、地毯），再按材质（如化纤

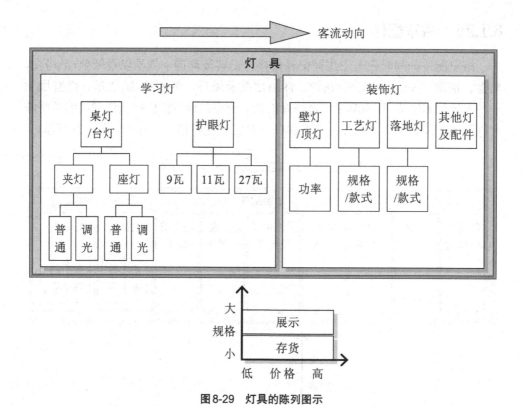

图8-29 灯具的陈列图示

垫、棉垫、绒垫等），后按规格，最后按照价格从低到高的原则依次陈列。货架的上两层用挂装的形式展示商品的样品，下层的层板上置放存货。具体如图8-30所示。

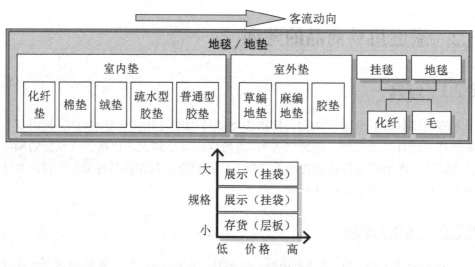

图8-30 地毯/地垫的陈列图示

8.2.3 桌椅

桌椅先按固定、折叠，再按凳、椅的顺序，后按凳、椅的材质（如胶面、布面、塑面、木面）及颜色，最后按照价格从低到高的次序来陈列。单bay陈列应在上层展示商品样品，下层一一对应摆放库存。具体如图8-31所示。

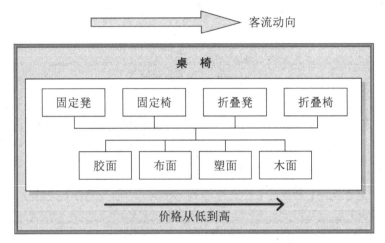

图8-31 桌椅的陈列图示

8.2.4 桌椅地台

桌椅地台先按类别（办公椅、茶几、固定桌、折叠桌、桌椅组合等），再按材质（如胶面、布面、皮面、木面等），后按规格，最后按照价格从低到高在地台上或bay上依次陈列。具体如图8-32所示。

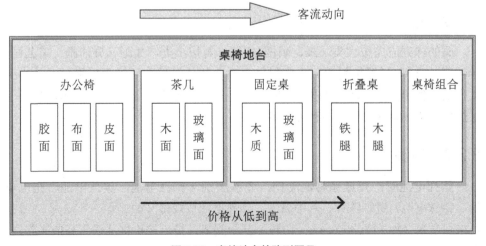

图8-32 桌椅地台的陈列图示

8.2.5 储藏层架/小型家具

储藏层架/小型家具应先按功能（层架/角架、层架组件、书架、杂志架、组合储物架、床头柜、鞋柜、衣镜、衣帽规架），再按材质（如塑料、铁质、木质等），后按规格从小到大，最后按价格从低到高的次序依次陈列。货架上层展示商品样品，下层一一对应地放置存货。具体如图8-33所示。

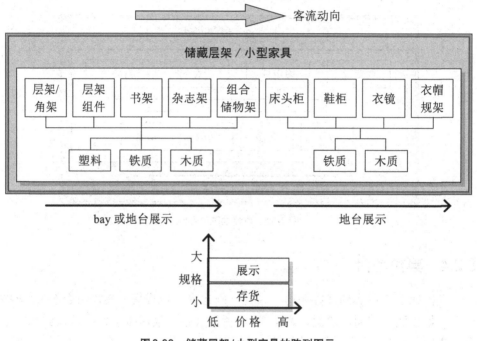

图8-33 储藏层架/小型家具的陈列图示

8.2.6 画

画的陈列应先按大类（画、画框/相框）再按小类，如画又分油画、工艺画、装饰画，画框/相框按材质分为塑料、木质、其他材质；后按照规格尺寸从小到大，最后按价格从低到高的原则依次排列。货架上层展示画，中间展示画框，下层放置存货。具体如图8-34所示。

8.2.7 电池

陈列电池时，要遵循客流动向，先按类别（碱性电池、碳性电池、充电电池、特殊电池）进行陈列。其中碱性、碳性电池按规格（如7号、5号、2号、1号），再按包装数（如2粒、4粒、6粒、10粒）从少到多，最后按价格从低到高依次陈列。具体如图8-35所示。

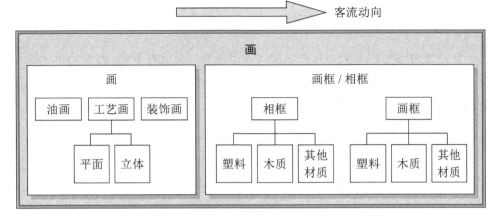

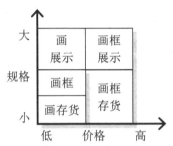

图 8-34 画的陈列图示

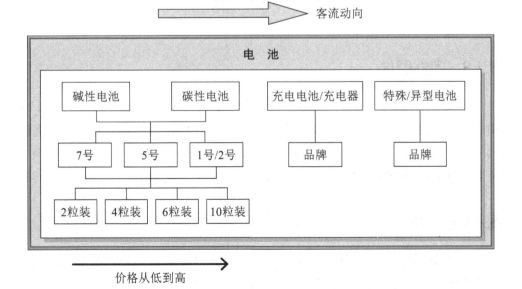

图 8-35 电池的陈列图示

8.2.8 灯泡

灯泡应遵循客流动向，先按功能（如节能灯、日光灯等），再按功率（如15瓦、25瓦、40瓦、60瓦、100瓦），后按款式（如管型、异型），最后按价格从低到高的次序依次陈列。具体如图8-36所示。

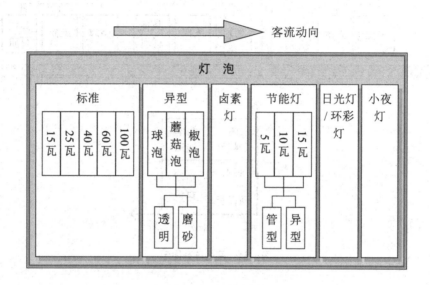

图8-36 灯泡的陈列图示

8.2.9 电器配件

电器配件应先按功能（转换插座、其他电器配件、电线/缆）来分类。转换插座先按功能及类别（如转换插座头、三位及以下插座、四位插座、五位插座、六位及以上插座），再按电源线规格（如3米电源线、5米电源线），后按包装尺寸，最后按照价格从低到高的顺序依次陈列。具体如图8-37所示。

8.2.10 钟表

钟表应先按类别（挂钟、手表、闹钟），再按材质（电子、石英、机械），最后按价格从低到高的次序依次陈列。具体如图8-38所示。

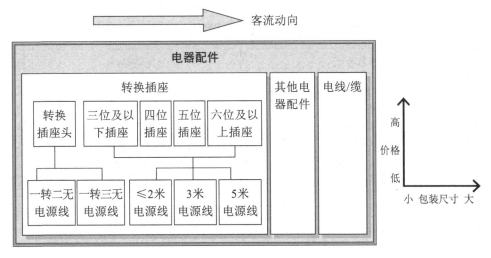

图8-37 电器配件的陈列图示

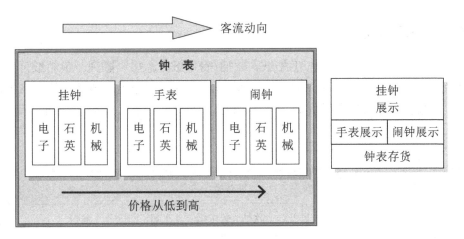

图8-38 钟表的陈列图示

8.3 家庭日用品的陈列

8.3.1 卫生卷纸

卫生卷纸可分成有芯卷纸和无芯卷纸两个部分来陈列。在每个部分里,再按单卷/双卷、双排手提卷纸、单排卷纸进行分类,最后按价格从低到高的顺序依次陈列。在每个分类里,同品牌的要集中陈列。具体如图8-39所示。

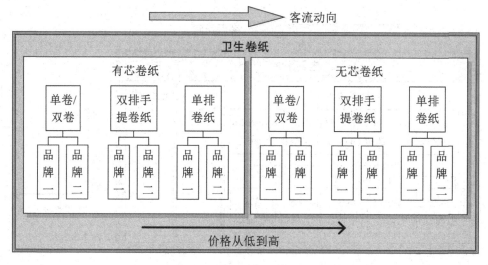

图8-39 卫生卷纸的陈列图示

8.3.2 抽式纸

抽式纸要分成三部分（手帕纸、软抽/餐巾纸、盒巾）陈列。手帕纸再分为钱夹式和手帕式陈列，钱夹纸用挂钩陈列。在每一部分里，同品牌的要集中陈列，小规格的摆放在上层货架，大规格的摆放在下层货架。具体如图8-40所示。

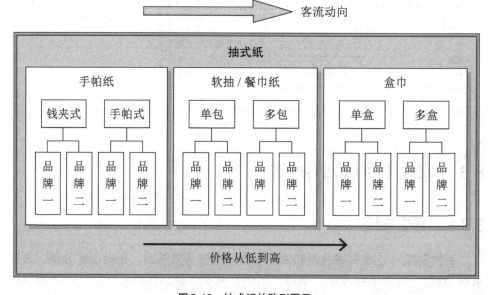

图8-40 抽式纸的陈列图示

8.3.3 妇女卫生用品

沿客流动向,应先陈列卫生巾,再陈列卫生护垫。

(1)卫生巾陈列要求:按品牌垂直陈列;品牌内按网面类型(棉质和干爽网面)垂直陈列;然后按照日用、夜用分类水平陈列。

(2)护垫陈列要求:按品牌垂直陈列;然后将高档系列产品陈列于上层货架,低档系列产品陈列于下层货架。

具体如图8-41所示。

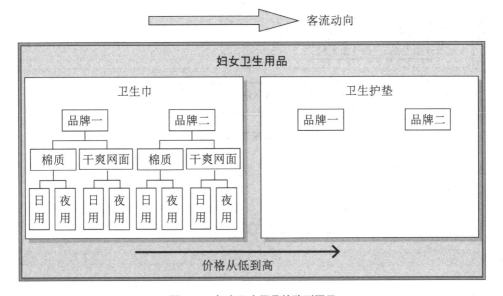

图8-41 妇女卫生用品的陈列图示

8.3.4 纸尿裤

纸尿裤分为婴儿纸尿裤和成人纸尿裤。在每一部分里,同品牌的要集中陈列。婴儿纸尿裤陈列要求:按照品牌垂直陈列。从左到右,按照"小包装→中包装→大包装"的顺序;从上到下,按照"小码→中码→大码→加大码"的顺序。具体如图8-42所示。

8.3.5 湿巾

沿客流动向,先陈列普通湿巾,再陈列功能性纸。湿巾分为袋装、桶装/盒装。袋装湿巾陈列在货架上方,桶装/盒装湿巾陈列在货架下方,同规格的要

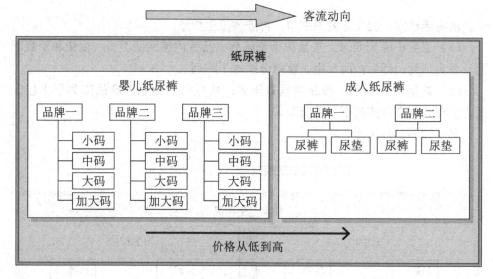

图8-42 纸尿裤的陈列图示

集中陈列,以方便顾客比照价格。如果货架资源丰富,婴儿湿巾可以重复陈列。具体如图8-43所示。

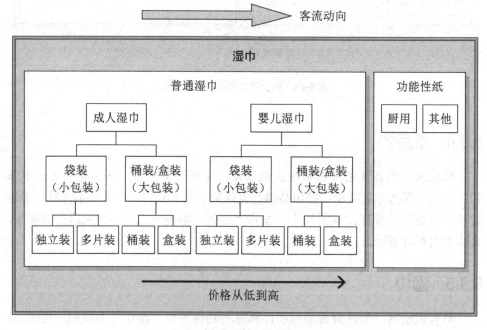

图8-43 湿巾的陈列图示

8.3.6 洗衣粉

沿客流动向，洗衣粉按类别分为普通洗衣粉、浓缩洗衣粉、皂粉三部分来陈列。在每一部分里，同品牌的要集中陈列，然后依价格从低到高的顺序陈列。小规格的陈列在货架的上端，大规格的陈列在货架的下方。具体如图8-44所示。

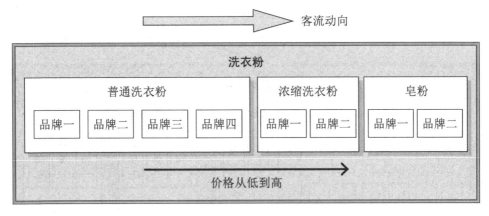

图8-44 洗衣粉的陈列图示

8.3.7 洗衣皂

沿客流动向，洗衣皂依类别（透明皂、增白皂/其他）顺序陈列。在每一类里，同品牌的要集中陈列。单块装的摆放在上层货架，多块装的摆放在下层货架，方便顾客进行价格比较。具体如图8-45所示。

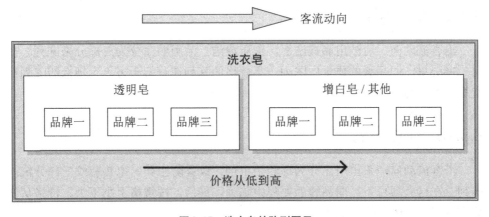

图8-45 洗衣皂的陈列图示

8.3.8 洁衣用品

沿客流动向，洁衣用品分别依柔顺剂、洗衣液（含漂水/除菌液）、丝毛净、衣领净陈列。在每一部分里，同品牌的要集中陈列。小规格的陈列在货架上方，大规格的陈列在货架下方。具体如图8-46所示。

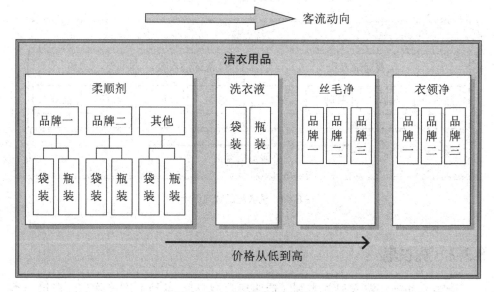

图8-46 洁衣用品的陈列图示

8.3.9 清洁用品

沿客流动向，清洁用品按洁厨、家居清洁、洁厕顺序分为三部分来陈列。在每一部分里，同品牌的要集中陈列。小规格的陈列在货架上方，大规格的陈列在货架下方。具体如图8-47所示。

8.3.10 杀虫用品

沿客流动向，杀虫用品分为罐装杀虫剂、蚊香防虫药、电热驱蚊三部分依次陈列。在这些项目下，同品牌的要集中陈列。最后，按规格上小下大、价格从低到高陈列。具体如图8-48所示。

第8章 非食品区商品陈列

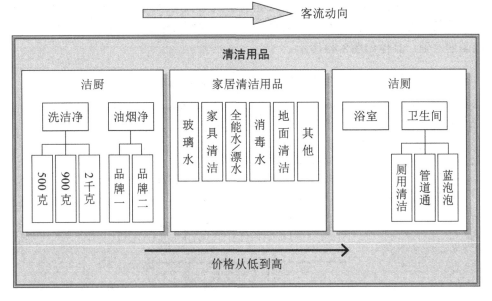

图8-47 清洁用品的陈列图示

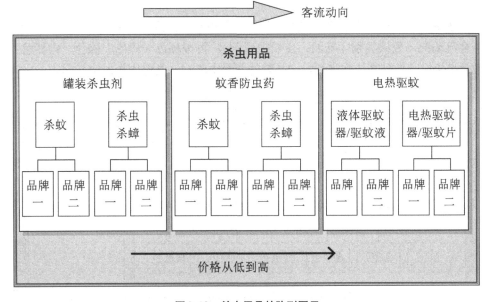

图8-48 杀虫用品的陈列图示

8.3.11 空气清新剂

空气清新剂分为罐装空气清新剂和非罐装空气清新剂。陈列时，沿客流动向陈列罐装、非罐装商品，在每一类里，同品牌的要集中陈列，并且遵循价格从低到高的原则。具体如图8-49所示。

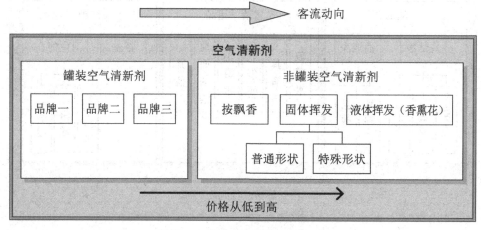

图8-49　空气清新剂的陈列图示

8.3.12 皮革护理用品

皮革护理用品分为鞋油和皮衣护理剂。鞋油又分为液体、膏体/铁盒。陈列时，沿客流动向，先按类别（鞋油、皮衣护理剂），再按颜色（黑色、棕色、自然色），最后按价格从低到高依次陈列，同品牌的要集中陈列。具体如图8-50所示。

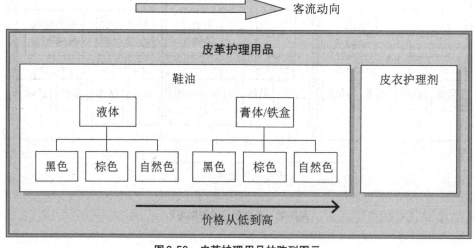

图8-50　皮革护理用品的陈列图示

8.4 洗化用品的陈列

8.4.1 洗发水

可以沿客流动向，将洗发水分为两部分陈列：普通洗发水、功能性洗发水。在每一部分里，同品牌的要集中陈列（洗发水和护发素陈列在一起），小规格的摆放在上层货架，大规格的摆放在下层货架。沿客流动向，将知名品牌的陈列于先，小品牌的陈列于后。洗发水的陈列具体如图8-51所示，其陈列效果如图8-52所示。

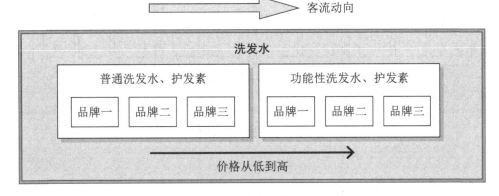

图 8-51 洗发水的陈列图示

图 8-52 洗发水陈列效果图

8.4.2 美发用品

沿客流动向,将美发用品分四部分依次陈列:摩丝/啫喱/发胶、营养水、焗油、染黑/彩染。在每一部分里,同品牌的要集中陈列,并按价格从低到高的顺序。在每一品牌里,小规格的摆放在上层货架,大规格的摆放在下层货架。具体如图8-53所示。

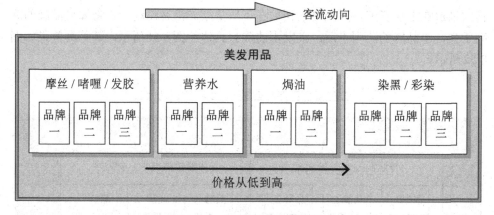

图8-53 美发用品的陈列图示

8.4.3 口腔护理用品

口腔护理用品分为成人牙刷、儿童口腔护理用品、成人牙膏三类。在陈列口腔护理用品时,应沿客流动向按先牙刷、后牙膏的顺序陈列,牙膏和牙刷之间可陈列电动牙刷和美齿商品及儿童口腔护理用品。在每一大类中,同品牌的要集中陈列。单只装的牙刷要摆放在上层货架,多只装的牙刷要摆放在下层货架。在儿童口腔护理用品中,儿童牙刷要陈列摆放在上层货架,儿童牙膏应陈列摆放在下层货架。同一品牌的牙膏,货值高的要放在货架上方,货值低的放在货架下方。具体如图8-54所示。

8.4.4 香皂

可沿客流动向,将香皂分为普通香皂、功能性香皂、洗手液三大类依次陈列。在每一大类中,同品牌的要集中陈列。小规格的放在货架上方,大规格的放在货架下方。沿客流动向,将知名品牌的陈列于先,小品牌的陈列于后。具体如图8-55所示。

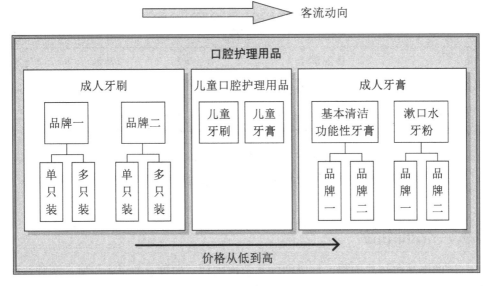

图8-54 口腔护理用品的陈列图示

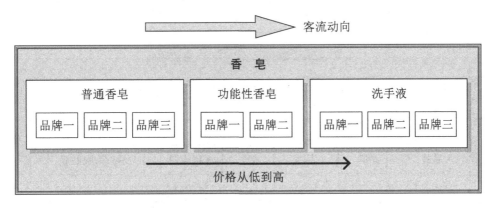

图8-55 香皂的陈列图示

8.4.5 浴液

浴液可按沐浴露、洗液两类依次陈列。如果货架资源丰富,知名品牌的婴儿沐浴露可做重复陈列。季节性花露水和香体露也陈列在这一区域里。在每一大类里,同品牌的要集中陈列。沿客流动向,将知名品牌的陈列于先,小品牌的陈列于后。小规格的放在货架上方,大规格的放在货架下方。具体如图8-56所示。

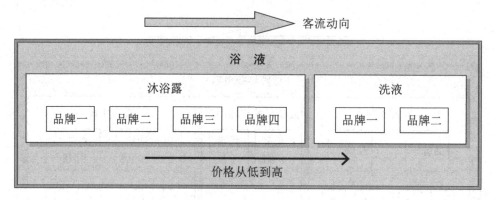

图 8-56 浴液的陈列图示

8.4.6 洁面用品

洁面用品可按洗面奶、面膜两大类依次陈列。如果货架资源丰富，品牌洗面奶可以和品牌护肤品做重复陈列。在每一大类里，同品牌的要集中陈列，小规格的放在货架上方，大规格的放在货架下方。沿客流动向，将知名品牌的陈列于先，小品牌的陈列于后。具体如图 8-57 所示。

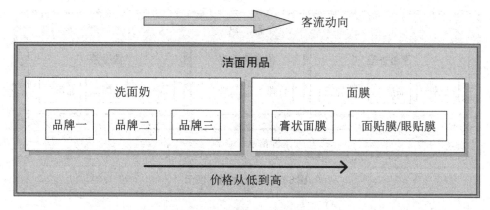

图 8-57 洁面用品的陈列图示

8.4.7 成人护肤品

成人护肤品可按面部、男士、身体、手足、润唇膏五大类依次陈列。如果货架资源丰富，男士护肤品中品牌护肤品可做重复陈列。在每一大类里，同品牌的要集中陈列。沿客流动向，将知名品牌的陈列于先，小品牌的陈列于后。小规格的放在货架上方，大规格的放在货架下方。润唇膏则使用挂钩进行陈列。具体如

图8-58所示。

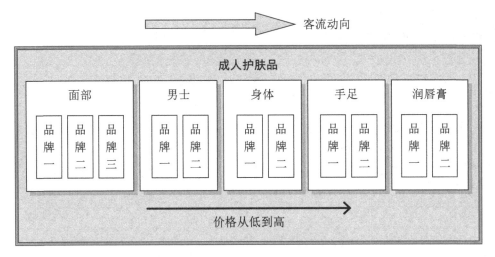

图8-58 成人护肤品的陈列图示

8.4.8 婴儿护肤品

婴儿护肤品有不同的品牌,陈列时应将同品牌的集中。在每个品牌里,护肤品放在货架的上端,洗发水和沐浴露放在货架的下端。具体如图8-59所示。

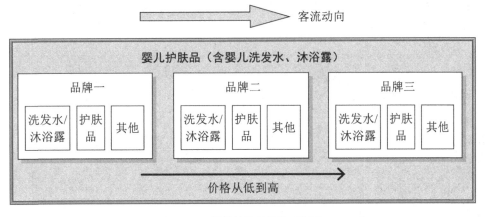

图8-59 婴儿护肤品的陈列图示

第 9 章
服饰区商品陈列

 导言 ▶▶▶

通过综合运用艺术手法展示服饰，突出服饰的特色及卖点以吸引顾客的注意，加强顾客对商品的信赖程度，从而最大限度地引起购买欲望，这是服饰陈列向消费者展示的功能。

9.1 纺织品的陈列

这里的纺织品主要是指商场（超市）里售卖的男女内衣、睡衣、袜子以及床上用品，依据不同的品类，其陈列要求也各不相同。

9.1.1 文胸

文胸的陈列要考虑尺寸、价格及颜色，并按以下要求进行陈列。具体如图9-1所示。

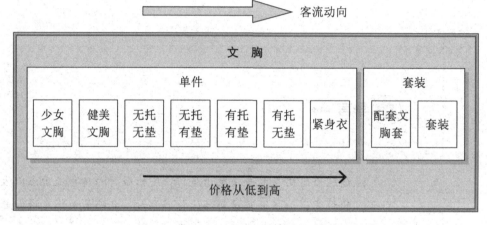

图9-1　文胸的陈列图示

（1）尺寸：由上至下、由大到小（如85、80、75、70）陈列。

（2）价格：沿客流动向，由低到高陈列。

（3）颜色：保持一根杆一个颜色，一列一个颜色或不多于两个颜色，深色的与浅色的应错开陈列，互相映衬。

9.1.2 女内衣

女内衣的陈列要考虑尺寸、价格及颜色，并按以下要求进行陈列。具体如图9-2所示。

（1）尺寸：由上至下、由大到小陈列。

（2）价格：沿客流动向，由低到高陈列。

（3）颜色：保持一根杆一个颜色，一列一个颜色或不多于两个颜色，深色的与浅色的应错开陈列，互相映衬。

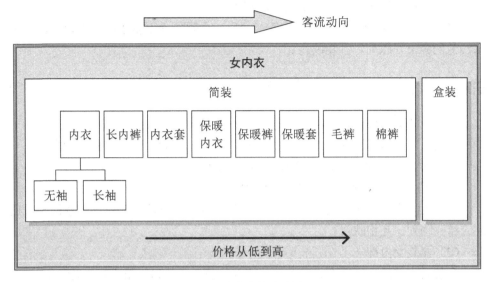

图9-2　女内衣的陈列图示

9.1.3　男内衣

男内衣的陈列要考虑尺寸、价格及颜色，并按以下要求进行陈列。具体如图9-3所示。

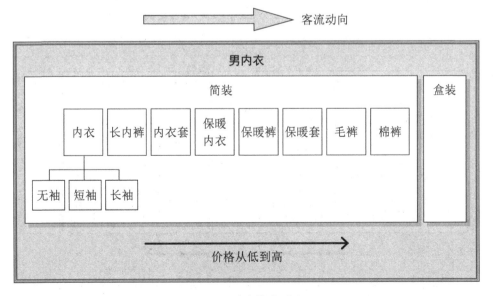

图9-3　男内衣的陈列图示

(1) 尺寸：由上至下、由大到小陈列。

(2) 价格：沿客流动向，由低到高陈列。

(3) 颜色：保持一根杆一个颜色，一列一个颜色或不多于两个颜色，深色的与浅色的应错开陈列，互相映衬。

9.1.4 女内裤

(1) 挂装女内裤

挂装女内裤的陈列要考虑尺寸、价格及颜色，并按以下要求进行陈列。

① 尺寸：由上至下、由大到小，一杆一个尺码陈列。

② 价格：沿客流动向，由低到高陈列。

③ 颜色：保持一根杆一个颜色，一个竖行最多保持两个颜色，深色的与浅色的应错开陈列，互相映衬。

(2) 盒装女内裤

盒装女内裤的陈列要考虑尺寸、价格及颜色，并按以下要求进行陈列。

① 尺寸：由上至下、由大到小陈列。

② 价格：沿客流动向，由低到高陈列。

③ 颜色：保持一根杆一个尺寸。

SKU要求：小店一个竖行最多保持两个SKU（Stock Keeping Unite，库存单位），大店一个竖行最多保持一个SKU。

具体如图9-4所示。

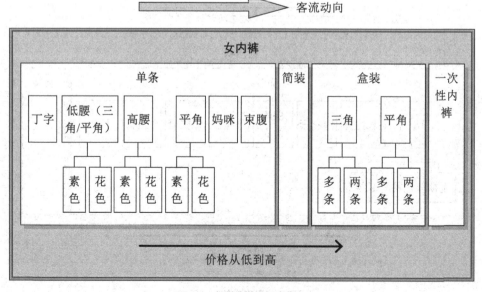

图9-4　女内裤的陈列图示

9.1.5 男内裤

(1) 挂装男内裤

挂装男内裤的陈列要考虑尺寸、价格及颜色,并按以下要求进行陈列。

① 尺寸:由上至下、由大到小,一杆一个尺码陈列。

② 价格:沿客流动向,由低到高陈列。

③ 颜色:保持一根杆一个颜色,一个竖行最多保持两个颜色,深色的与浅色的应错开陈列,互相映衬。

(2) 盒装男内裤

盒装男内裤的陈列要考虑尺寸、价格及颜色,并按以下要求进行陈列。

① 尺寸:由上至下、由大到小陈列。

② 价格:沿客流动向,由低到高陈列。

③ 颜色:保持一根杆一个尺寸。

SKU要求:小店一个竖行最多保持两个SKU,大店一个竖行最多保持一个SKU。

具体如图9-5所示。

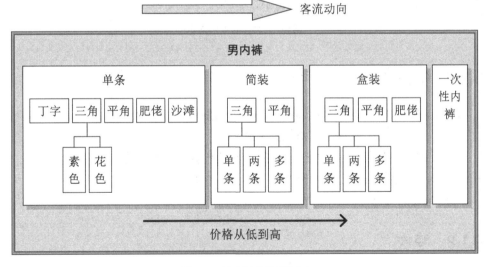

图9-5 男内裤的陈列图示

9.1.6 女袜

女袜的陈列要考虑价格及颜色,并按以下要求进行陈列。

(1) 价格:沿客流动向,由低到高陈列。

（2）颜色：保持一根杆一个颜色，一列不多于三个颜色（颜色比例一般为3∶3∶2），深色的与浅色的应错开陈列，互相映衬。其中，丝短袜和连裤袜一列不多于两个SKU，深色的与浅色的应错开陈列，互相映衬。

具体如图9-6所示。

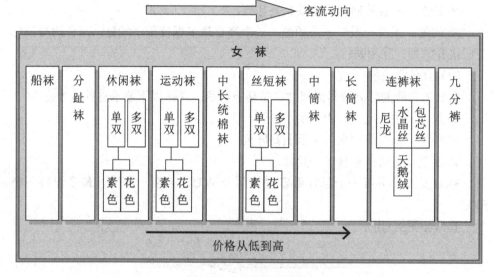

图9-6　女袜的陈列图示

9.1.7　男袜

男袜的陈列要考虑价格及颜色，并按以下要求进行陈列。

（1）价格：沿客流动向，由低到高陈列。

（2）颜色：保持一根杆一个颜色，一列不多于三个颜色（颜色比例一般为3∶3∶2），深色的与浅色的应错开陈列，互相映衬。

具体如图9-7所示。

9.1.8　睡衣

睡衣的陈列要考虑尺寸及颜色，并按以下要求进行陈列。

（1）尺寸：保持一根杆尺寸齐全。

（2）价格：沿客流动向，由低到高地陈列。

（3）颜色：一列一个颜色或不多于两个颜色，深色的与浅色的应错开陈列，互相衬托，保持一根杆一个SKU。

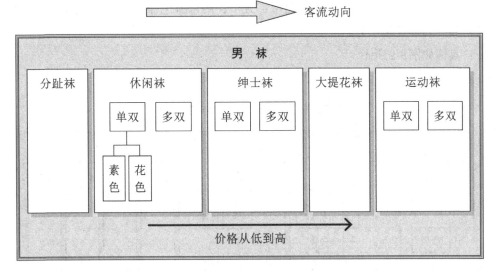

图9-7 男袜的陈列图示

具体如图9-8所示。

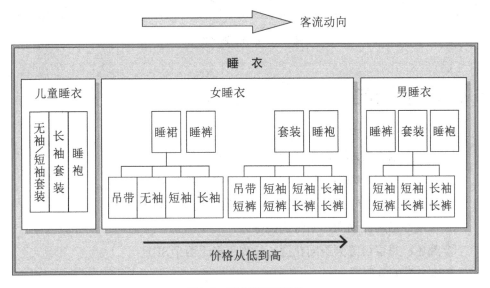

图9-8 睡衣的陈列图示

9.1.9 毛巾

毛巾的陈列要考虑价格及颜色,并按以下要求进行陈列。

(1)价格:沿客流动向,由低到高陈列。

（2）颜色：一列一个颜色，面巾、方巾、浴巾颜色需一致，深色的与浅色的应错开陈列，互相映衬。

具体如图9-9所示。

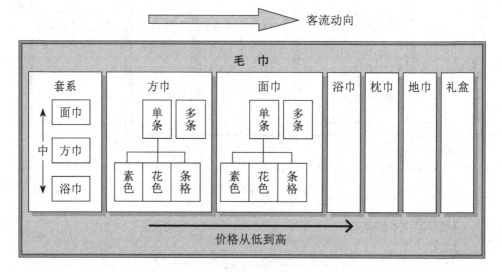

图9-9　毛巾的陈列图示

9.1.10　床上用品

（1）枕套/被罩/床单的陈列要求如下。

① 价格：沿客流动向，由低到高陈列。

① 颜色：每层可陈列不同花型，每列不多于两个SKU。

（2）件套（二件/三件/四件/多件套）的陈列要求如下。

① 价格：沿客流动向，由低到高陈列。

② 颜色：每层可陈列不同花型，每列不多于两个SKU。

具体如图9-10所示。

9.1.11　枕

枕的陈列要求：先按类别分为单人、双人/长枕，再按价格沿客流动向，由低到高陈列，保持一个竖行不多于两个SKU，大店一个竖行保持一个SKU。具体如图9-11所示。

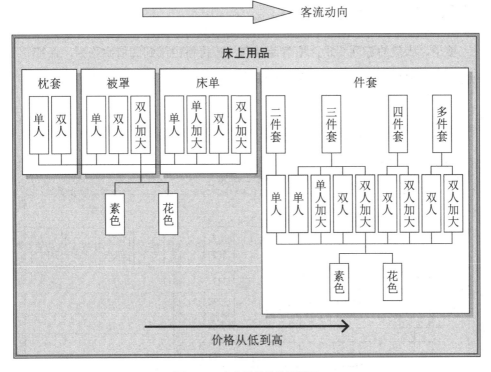

图9-10 床上用品的陈列图示

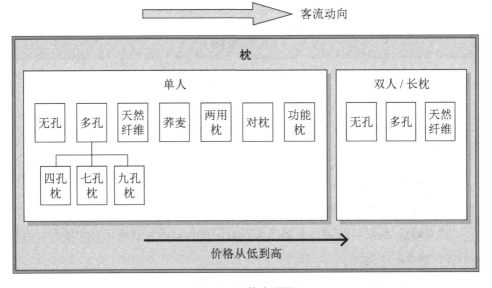

图9-11 枕的陈列图示

9.1.12 被子、床垫

被子、床垫的陈列要求：沿客流动向，按价格由低到高依次陈列，保持一个竖行不多于两个SKU，大店一个竖行保持一个SKU。具体如图9-12所示。

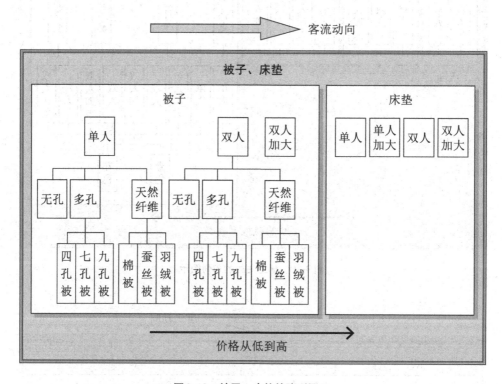

图9-12 被子、床垫的陈列图示

9.1.13 靠垫

靠垫的陈列要求如下。

（1）价格：沿客流动向，由低到高陈列。

（2）颜色：每层可陈列一个颜色或花型，深色与浅色交错，互相映衬，保持一个竖行最多两个SKU。

具体如图9-13所示。

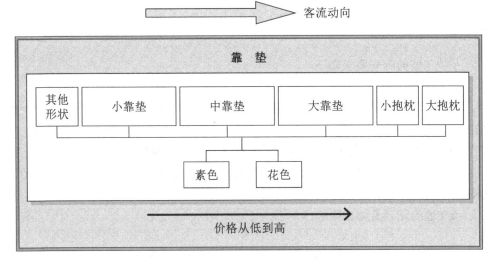

图9-13 靠垫的陈列图示

9.2 服装的陈列

9.2.1 服装区的整体布局

具体如图9-14所示。

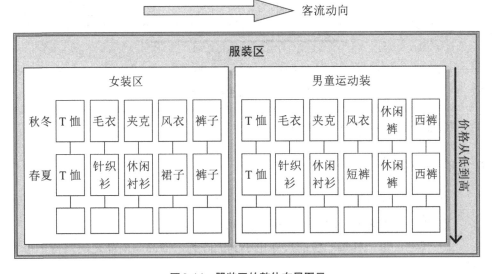

图9-14 服装区的整体布局图示

9.2.2 男女T恤

男女T恤的陈列要求如下。

（1）价格：沿客流动向，由低到高陈列。

（2）尺寸：每一杆每一色的尺寸由小到大陈列，商品与商品之间保持一个手指的距离。

（3）颜色：一杆不得多于两个颜色，深色与浅色错开陈列，互相映衬。

（4）SKU：一个置衣架不超过三个SKU。bay陈列一个竖行保持一至两个SKU。

女T恤的陈列具体如图9-15所示。

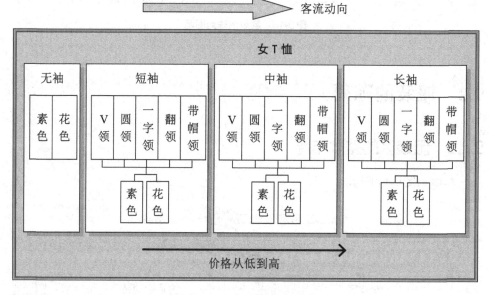

图9-15 女T恤的陈列图示

男T恤的陈列具体如图9-16所示。

9.2.3 针织衫

针织衫的陈列要求如下。

（1）价格：沿客流动向，由低到高陈列。

（2）尺寸：每一杆每一色的尺寸由小到大陈列，商品与商品之间保持一个手指的距离。

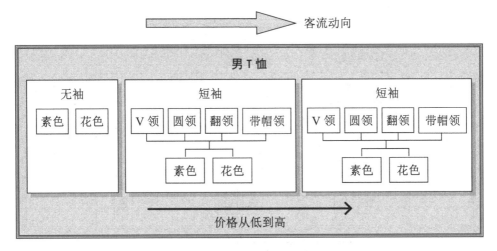

图9-16 男T恤的陈列图示

（3）颜色：一杆不得多于两个颜色，深色与浅色错开陈列，互相映衬。

（4）SKU：一个置衣架不超过三个SKU。bay陈列一个竖行保持一至两个SKU。

女针织衫的陈列要求如图9-17所示。

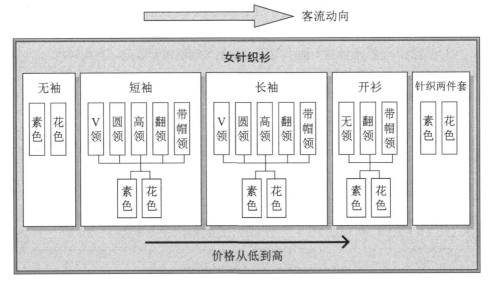

图9-17 女针织衫的陈列图示

男针织衫的陈列具体如图9-18所示。

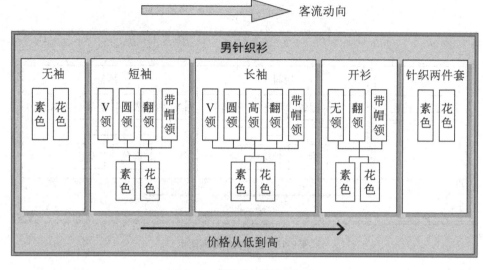

图9-18　男针织衫的陈列图示

9.2.4　衬衫

女式衬衫的陈列要求如下。

（1）价格：沿客流动向，由低到高陈列。

（2）尺寸：每一杆每一色的尺寸由小到大陈列，商品与商品之间保持一个手指的距离。

（3）颜色：一杆不得多于两个颜色，深色与浅色错开陈列，互相映衬。

（4）SKU：一个置衣架不超过三个SKU。bay陈列一个竖行保持一至两个SKU。具体如图9-19所示。

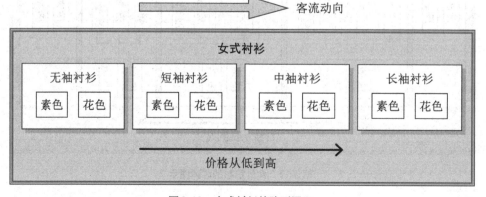

图9-19　女式衬衫的陈列图示

男式衬衫分为休闲衬衫和正式衬衫，首先要将之分区陈列，其陈列要求如表9-1所示。

表9-1 男式衬衫的陈列要求

序号	分类	陈列要求
1	休闲衬衫	（1）价格：沿客流动向，由低到高陈列 （2）尺寸：每一杆每一色的尺寸由小到大陈列，商品与商品之间保持一个手指的距离 （3）颜色：一杆不得多于两个颜色，一列一至两个颜色，深色与浅色错开陈列，互相映衬 （4）SKU：一个置衣架不超过三个SKU。bay陈列一个竖行保持一个SKU
2	正式衬衫	（1）价格：沿客流动向，由低到高陈列 （2）尺寸：从上到下由大到小，保持一层一个尺寸 （3）颜色：一列一至两个颜色，深色与浅色错开陈列，互相映衬

男式衬衫的陈列具体如图9-20所示。

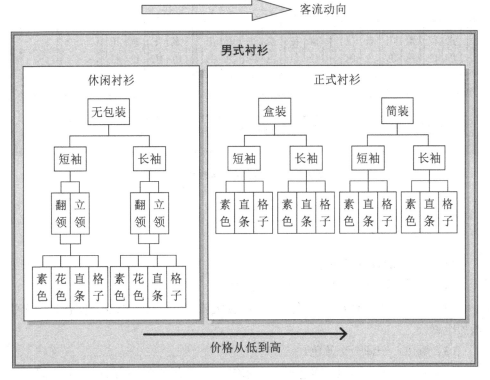

图9-20 男式衬衫的陈列图示

9.2.5 裙子/连衣裙

裙子/连衣裙的陈列要求如下。

（1）价格：沿客流动向，由低到高陈列。

（2）尺寸：每一杆每一色的尺寸由小到大陈列，商品与商品之间保持一个手指的距离。

（3）颜色：一杆不得多于两个颜色，深色与浅色错开陈列，互相映衬。

（4）SKU：一个置衣架不超过三个SKU。bay陈列一个竖行保持一至两个SKU。

具体如图9-21所示。

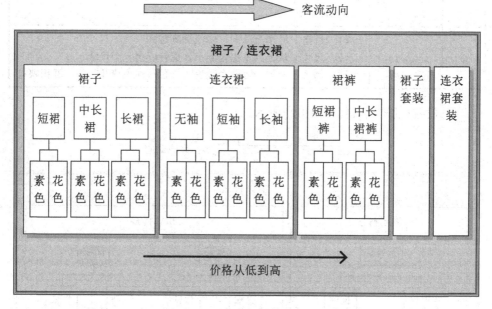

图9-21 裙子/连衣裙的陈列图示

9.2.6 男/女裤子

男/女裤子的陈列要求如下。

（1）价格：沿客流动向，由低到高陈列。

（2）尺寸：每一杆每一色的尺寸由小到大陈列，商品与商品之间保持一个手指的距离。

（3）颜色：一杆一个颜色。

（4）SKU：一个圆架不得超过三个SKU，一个十字架不得超过两个SKU。

具体如图9-22所示。

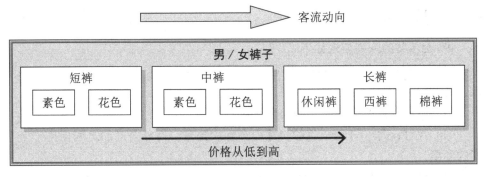

图9-22　男/女裤子的陈列图示

9.2.7　男/女成衣

男/女成衣的陈列要求如下。

（1）分类：按男女性别分区陈列，再分细类，如女式成衣分为无袖夹克、夹克、休闲上装、皮衣、风衣等，男式成衣分为无袖夹克、夹克、休闲上装、皮衣、风衣、西服上装、西服套装等。

（2）价格：沿客流动向，由低到高陈列。

（3）尺寸：每一杆每一色的尺寸由小到大陈列，商品与商品之间保持一个手指的距离。

（4）颜色：一杆不得多于两个颜色。

（5）SKU：一个竖行保持一至两个SKU，一个置衣架不得超过四个SKU，深色与浅色错开陈列，互相映衬。

具体如图9-23所示。

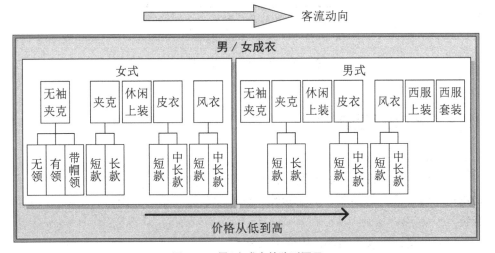

图9-23　男/女成衣的陈列图示

9.2.8 男/女冬装

男/女冬装的陈列要求如下。

（1）分类：将男/女冬装分为背心、夹克、风衣、大衣、羽绒服等，在此基础上还可以将大类分为细类依次陈列。

（2）价格：沿客流动向，由低到高陈列。

（3）尺寸：每一杆每一色的尺寸由小到大陈列，商品与商品之间保持一个手指的距离。

（4）颜色：一杆不得多于两个颜色，深色与浅色错开陈列，互相映衬。

（5）SKU：一个置衣架不得超过三个SKU，bay陈列一个竖行保持一个SKU。具体如图9-24所示。

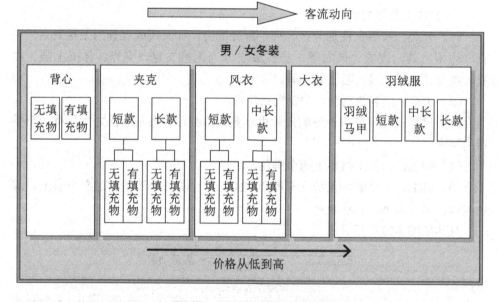

图9-24　男/女冬装的陈列图示

9.2.9 男/女运动装

男/女运动装的陈列要求如下。

（1）分类：按性别分区陈列，再分为细类，如女运动装分为运动休闲衫、运动短裙、运动裤、健美服、运动套装，男运动装分为运动休闲衫、运动裤、运动套装。

（2）价格：沿客流动向，由低到高陈列。

（3）尺寸：每一杆每一色的尺寸由小到大陈列，商品与商品之间保持一个手指的距离。

（4）颜色：一杆不得多于两个颜色，深色与浅色错开陈列，互相映衬。

（5）SKU：一个置衣架不得超过三个SKU，bay陈列一个竖行保持一个SKU。具体如图9-25所示。

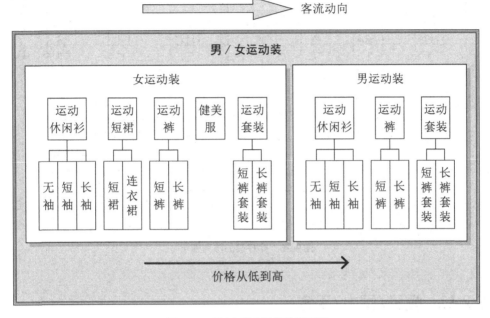

图9-25　男/女运动装的陈列图示

9.2.10　牛仔装

牛仔装的陈列要求如下。

（1）分类：按性别分为男、女区陈列，再分为细类，如女装分为牛仔衬衫、牛仔上装、牛仔裙、牛仔裤，男装分为牛仔衬衫、牛仔上装、牛仔裤。

（2）价格：沿客流动向，由低到高陈列。

（3）尺寸：每一杆每一色的尺寸由小到大陈列，商品与商品之间保持一个手指的距离。

（4）颜色：一杆不得多于两个颜色，深色与浅色错开陈列，互相映衬。

（5）SKU：一个置衣架不得超过三个SKU，bay陈列一个竖行保持一至两个SKU。

具体如图9-26所示。

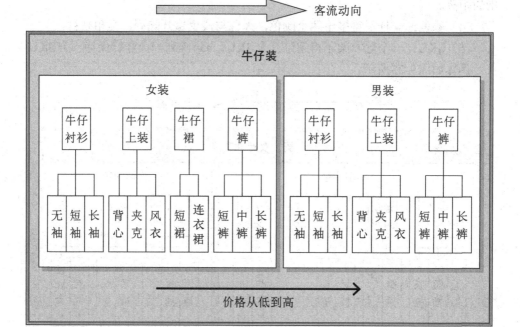

图9-26 牛仔装的陈列图示

9.2.11 帽子/围巾/手套

帽子/围巾/手套的陈列要求如下。

（1）分类：按帽子、围巾、手套分区陈列，再细分为儿童、女式、男式，依次陈列。

（2）价格：沿客流动向，由低到高陈列。

（3）尺寸：每一杆每一色的尺寸由小到大陈列，商品与商品之间保持一个手指的距离。

（4）颜色：一杆不得多于两个颜色，深色与浅色错开陈列，互相映衬。

具体如图9-27所示。

帽子在陈列时，根据款式及大小，做间隔排列，便会产生一种有节奏的律动感，同时要注意商品的颜色、主次等产品特性，具体陈列效果如图9-28所示。

围巾（丝巾）陈列可以将多种产品进行搭配，将产品直观地传递给消费者，既引领搭配潮流，吸引顾客眼球，又丰富卖场陈列形式、店面陈列形态，具体效果如图9-29所示。

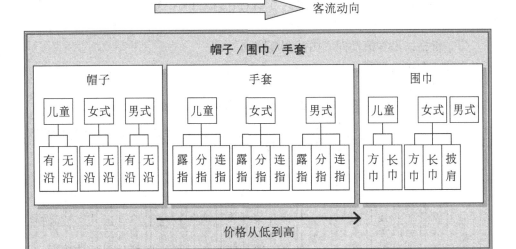

图 9-27　帽子/围巾/手套的陈列图示

图 9-28　帽子陈列效果图

图 9-29　围巾陈列效果图

9.3　鞋类商品的陈列

9.3.1　童鞋

童鞋的陈列要求如下。

（1）尺寸：尺寸牌粘在同侧鞋跟和货架牌上，一层一个尺码，尺寸从大到小，鞋帮从高到低。

（2）颜色：一个竖行最多保持一个颜色，深色的与浅色的应错开陈列，互相映衬。

（3）价格：沿客流动向，由低到高陈列。

具体如图9-30所示。

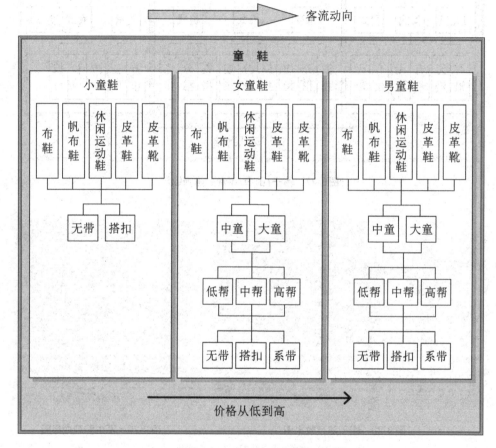

图9-30　童鞋的陈列图示

9.3.2　女式皮革鞋/靴/凉鞋

女式皮革鞋/靴/凉鞋的陈列要求如下。

（1）尺寸：尺寸牌粘在同侧鞋跟和货架牌上，一层一个尺码，尺寸从大到小，鞋帮从高到低。

（2）颜色：一个竖行最多保持一个颜色，深色的与浅色的应错开陈列，互相映衬。

（3）价格：沿客流动向，由低到高陈列。

具体如图9-31所示。

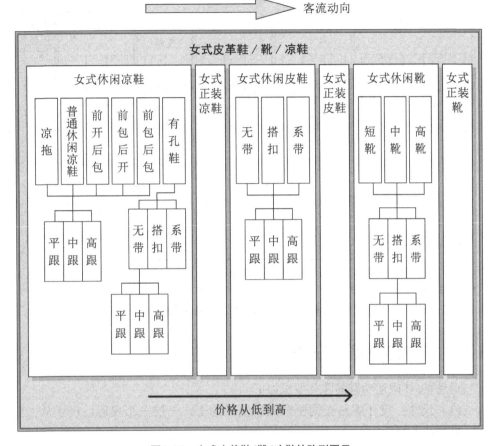

图9-31 女式皮革鞋/靴/凉鞋的陈列图示

9.3.3 男式皮革鞋/靴/凉鞋

男式皮革鞋/靴/凉鞋的陈列要求如下。

（1）尺寸：尺寸牌粘在同侧鞋跟和货架牌上，一层一个尺码，尺寸从大到小、鞋帮从高到低。

（2）颜色：一个竖行最多保持一个颜色，深色的与浅色的应错开陈列，互相映衬。

（3）价格：沿客流动向，由低到高陈列。

具体如图9-32所示。

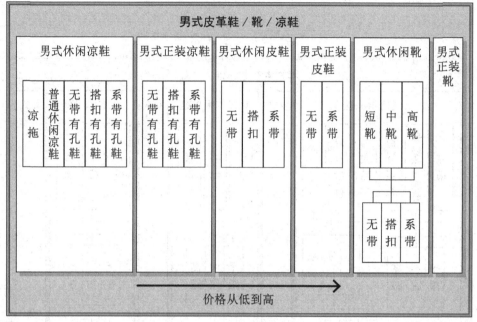

图9-32　男式皮革鞋/靴/凉鞋的陈列图示

9.3.4　运动鞋/休闲运动鞋

运动鞋/休闲运动鞋的陈列要求如下。

（1）尺寸：尺寸牌粘在同侧鞋跟和货架牌上，一层一个尺码，尺寸从大到小、鞋帮从高到低。

（2）颜色：保持一根杆一个颜色，深色与浅色互相映衬。

（3）价格：沿客流动向，由低到高陈列。

具体如图9-33所示。

9.3.5　布鞋/帆布鞋

布鞋/帆布鞋的陈列要求如下。

（1）尺寸：尺寸牌粘在同侧鞋跟和货架牌上，一层一个尺码，尺寸从大到小，鞋帮从高到低。

（2）颜色：保持一根杆一个颜色，深色与浅色互相映衬。

（3）价格：沿客流动向，由低到高陈列。

具体如图9-34所示。

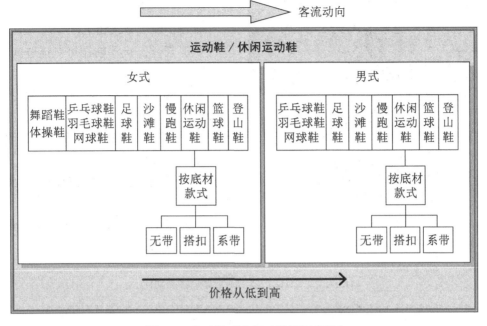

图9-33 运动鞋/休闲运动鞋的陈列图示

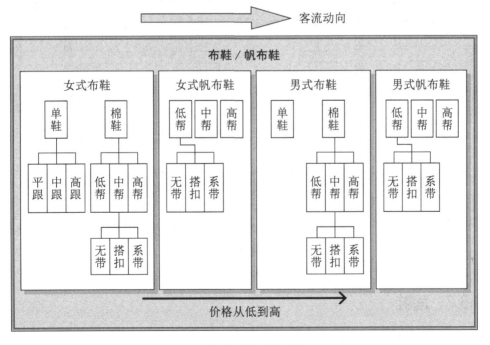

图9-34 布鞋/帆布鞋的陈列图示

9.3.6 拖鞋

拖鞋的陈列要求如下。

（1）尺寸：尺寸粘在每双拖鞋底，一层一个尺码。

（2）颜色：保持一根杆一个颜色，一个竖行最多保持三个颜色，颜色比例为3：2：2或3：3：3，深色的与浅色的应错开陈列，互相映衬。

（3）价格：沿客流动向，由低到高陈列。

拖鞋陈列效果如图9-35所示，具体陈列方式如图9-36所示。

图9-35 拖鞋陈列效果图

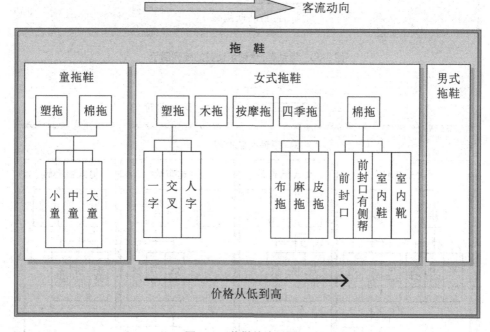

图9-36 拖鞋的陈列图示

9.3.7 雨鞋

雨鞋的陈列要求如下。

（1）尺寸：尺寸粘在每双雨鞋底，一层一个尺码。

（2）颜色：保持一根杆一个颜色，深色与浅色互相映衬。
（3）价格：沿客流动向，由低到高陈列。

具体如图9-37所示。

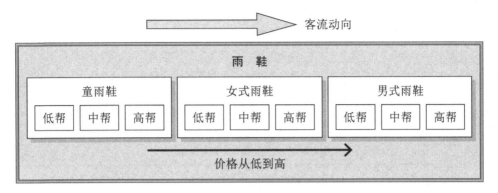

图9-37　雨鞋的陈列图示

9.3.8　鞋附件

鞋附件的陈列要求如下。
（1）尺寸：一层一个尺码，尺寸从大到小，从高到低。
（2）价格：沿客流动向，由低到高陈列。

具体如图9-38所示。

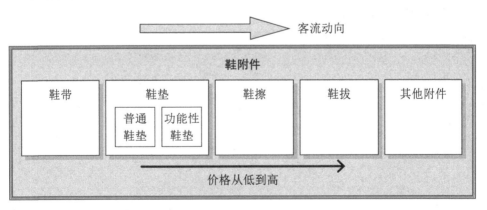

图9-38　鞋附件的陈列图示